AF503458

SERMON

SUR

CES PAROLES

DE

SAINT PIERRE,

I. Epît. Chap. 2. ℣. 17.

Craignez Dieu, honorés le Roy.

Prononcé à Alençon, en présence de plusieurs Magistrats, Officiers de guerre, Religieux Ecclesiastiques & autres Habitans de ladite Ville d'Alençon.

Le 15. Mars. 1676.

A GENEVE,

Pour Pierre Choüet.

———————————————

M. DC. LXXVII.

nant ajoute-t-elle, *que l'Empire souverain de Dieu demeure en son entier*, c'est à dire proprement selon l'expression & la pensée de l'auteur, toute conforme à celle de cet article, qu'il faut se soumettre à l'autorité des Souverains dans toutes les choses qui ne sont point contraires au service de Dieu. Et pourquoy enfin auroit il fait difficulté d'avancer dans une prédication, ce que Messieurs de Port Royal ont écrit dans les essais de Morale avec l'approbatiõ de tout le monde ? Car à la finde l'article 3. du 2. traité de la grandeur, qui est dans le deuxiéme tome de la quatriéme edition, on trouve ces paroles, *i'obeïs aux Roys dont ie suis suiet & i'obeïrois à un Maistre, si i'étois esclave, parce que Dieu le veut, c'est donc à Dieu que i'obeïs effectivement, c'est sa volonté qui regle la mienne, & ie suis toûiours independant de celle des hommes, lors mesme que ie leur rends l'obeïssance la plus ponctuelle : Car si-tost que cette mesme volonté de Dieu me fera connoistre qu'il ne veut pas que i'obeïsse en quelque chose à ces Roys & à ces Maistres, ils ne trouveront plus en moy, ny de suiet, ny d'esclave*, & à la fin de l'article sixième du mesme traité, il y a encore ces paroles remarquables, *les grands ayant receu leur grandeur, non pour eux mesmes, mais pour establir l'empire de Dieu & pour procurer sa gloire, ils deviennent rebelles & perfides à l'égard de Dieu, lorsqu'ils ne les rapportent qu'à eux mêmes*, & ces pensées sont conformes à celles que ces mesmes auteurs avoient déja données au public dans une lettre *sur la constance & le courage qu'on doit avoir pour la verité*, dans laquelle ils montrent assez amplement combien c'est une fausse Morale de croire qu'on doive obeïr aux superieurs en toutes choses sans discernement & sans connoissance.

Voilà à peu pres, le suiet & le contenu du Manuscrit, dont il est question dans cette preface, & tout cela fait croire que si l'auteur avoit esté assez heureux pour estre entendu avant que d'estre condamné de ſes Juges, que ſi leur iuſtice & leur Religion n'auoient pas eſté ſurpriſes en cette affaire, leur iugement luy auroit eſté plus favorable, & il eſt certain meſme que ſi dans ce Sermon, dont il s'agit, l'auteur avoit eſté capable, non-ſeulement de démentir aſſez ſa profeſſion & ſon caractere, pour avancer quelque propoſition qui approchaſt tant ſoit peu de ces maximes dangereuſes, *que les Roys peuvent eſtre depoſez par les Papes, que les ſuiets peuvent eſtre diſpenſez de la fidelité qu'ils ont iurée à leurs Princes, qu'il ne faut point obeïr aux Roys Heretiques*, & d'autres choſes de cette nature qu'on ſait aſſez dans le monde avoir eſté enſeignées dans une toute autre école, que celle des Proteſtans, mais qui plus eſt, s'il s'eſtoit ſeulement aſſez oublié pour avancer quelque maxime ſur ce ſujet, qui ne recommandaſt pas fortement l'honneur du Roy, apres la crainte de Dieu, il eſt certain que dans tous ſes auditeurs, & ſur tout dans ſes propres Freres, il auroit trouvé des rudes cenſeurs & des Juges ſeveres, qui ſans attendre ſur cela l'arreſt & le iugement du conſeil, auroit ſur le champ meſme condamné & puny rigoureuſement ſa temerité.

Il ſemble au reſte, qu'on ne ſauroit montrer que l'auteur a eu raiſon de parler comme il a fait & ſur le ſujet du Pape & ſur le ſujet de ſa Majeſté tres-Chrétienne, ſans faire voir en meſme temps qu'il a eu tort de declarer & de reconnoiſtre que ſur cela meſme, il a avancé legerement quelques propoſitions ; & certainement comme ſon Sermon ne contient rien *concernant le Pape* qui ne ſe trouve en plus forts termes dans le Concile & les auteurs qui y ſont citez ; mais ſur tout comme il ne contient rien *concernant ſa Maieſté*, qui ne ſoit dans les plus forts termes de l'obeïſſance & de la fidelité qui luy ſont deuës, bien des gens s'eſtonnent comment il a pû ſe reſoudre à executer en ce point, l'arreſt de ſa condamnation. Mais

d'ailleurs

d'ailleurs comme on peut donner des faces differentes à toutes les choſes du monde, & que dans
les termes de cet arreſt , il s'agiſſoit ſimplement
& en general *de reconnoiſtre quelques propoſitions*, non
pas fauſſement , ni temerairement , ñi ſcandaleu-
ſement ; mais *legerement avancées*, non pas ſur tout
contre , mais ſeulement *concernant le Pape & ſa
Maieſté* , ce qui n'eſt point aſſeurement une
retractation à proprement parler , l'Auteur à
creu avec quelques-uns, qu'encore qu'un exil plus
long que celuy qu'il ſouffre en conſequence de ce meſme arreſt , luy euſt eſté moins rude que cette recon-
noiſſance : il ſeroit cependant d'une conſequence
moins perilleuſe d'obeïr en cette occaſion que de re-
ſiſter à la volonté du Prince ; car on ſait apres tout,
& c'eſt en quoy l'auteur eſt plaint par ceux là meſme dont il eſt condamné, on ſait iuſques icy que
ſi apres avoir fait quelques efforts pour s'oppoſer , il
a eſté enfin contraint de ſe reſoudre à cette recon-
noiſſance, il ne la fait 1°. qu'aprés avoir fait une
haute proteſtation de ſon innocence devant ceux qui
eſtoient les témoins de cette action,& meſme devant
un Notaire , dont il a tiré acte pour luy ſervir en
temps & lieu ; il ne l'a fait encore que pour ſe deli-
vrer des pourſuites rigoureuſes qui luy eſtoient faites
& ſans leſquelles il n'auroit eu garde de prendre ce
party puis qu'autrement il auroit eu le temps de faire ſes remonſtrances au Conſeil , & auroit trouvé les
moyens de ſe iuſtifier & de faire connoiſtre ſon innocence ; mais on ſait ſur tout qu'il n'a fait cette dé-
marche , que pour ne donner pas à ſes ennemis un
nouveau pretexte de luy imputer un nouveau crime
plus dangereux que le premier, c'eſt à dire de l'accu-
ſer de rebellion aux ordre du Roy, pour leſquels il aura touſiours une profonde ſoûmiſſion & une parfaite
deference, & toutes ces conſiderations enſemble don-

P R E F A C E.

nent lieu d'esperer de la iustice & de sa Majesté tres
Chrestienne, & de l'équité de tous les honnestes gens,
qu'une reconnoissance de cette nature, qu'on a arra-
chée par force, ou bien passera pour nulle selon la
maxime des loix les plus équitables, ou bien au moins
qu'elle ne sera nullement prejudiciable à celuy qui l'a
faite, puisque s'il faut iuger de ses intentions par ses
paroles, & de ses paroles, par le Manuscrit qui nous est
tombe entre les mains & dont on verra icy un fidelle extrait; il faut croire asseurement que celles là ont
été tout à fait pures & innocentes, puisque dans celuy
cy il n'y a rien absolument, qui ne soit tout a fait capable d'inspirer la crainte de Dieu & l'honeur du
Roy que le texte recommande; c'est dequoy cependant on veut bien remettre le iugement à la conscience de tous ceux qui ont entendu ou qui liront ce
Sermon, mais on s'en remet sur tout à la iustice de
Dieu, qui un jour jugera tout le monde avec une
parfaite connoissance de cause & sans avoir égard
à l'apparence des personnes

SERMON

SUR

CES PAROLES DE SAINT
PIERRE EN SA I. EPISTRE
Chapitre 2. ℣. 17.

Craignez Dieu, Honorez le Roy.

MES FRERES bien-aimez en noſtre Seigneur.

Lors que ie conſidere dans l'Evangile tous ces Oracles ſacrez par leſquels le Fils de Dieu, pendant ſon ſejour icy bas ſur la terre, fit connoiſtre clairement qu'il eſtoit la Souveraine Sapience ; je trouve qu'il y a ſujet d'admirer particulierement cette Sageſſe Divine qu'il fit paroiſtre, lors que les principaux d'entre les Juifs, jaloux de ſon credit, & envieux de ſon authorité ayans entrepris un jour de l'enlacer & de le ſurprendre, par une queſtion épineuſe : Il éluda leur ruſe, & confondit leur artifice d'une maniere, qui dans ſes ennemis meſmes luy attira des partiſans & des admirateurs. Je veux parler de cette rencontre fameuſe en

A

laquelle les Pharisiens voulant luy attirer Matth. ch. 22. 10. 15. & suivant. la disgrace & la haine, ou bien des Romains qui avoient en main l'authorité Souveraine, ou bien des Juifs à qui le joug des Romains estoit insupportable, ils vont luy demander avec une belle apparence veritablement de respect & de veneration pour les Oracles & les merveilles de sa Sapience, mais en effet & en verité avec le dessein malicieux de luy tendre des pieges, & de luy dresser des embusches; ils vont, dis-je, luy demander, si ce n'étoit point une suiettion, & une bassesse indigne du peuple de Dieu, qui estoit la nation sainte & la Sacrificature Royale, de payer le tribut aux Romains qui estoient des infidelles & des idolâtres; *Maistre*, luy disent-ils dans cette pensée, *nous sauons que tu es veritable, & que tu enseignes la voye de Dieu en verité & qu'enfin tu n'as point d'égard à l'apparence des personnes*; dy nous donc, puisque nous venons te consulter comme un Oracle Divin, dy nous ce qui te semble sur une difficulté qui nous fait de la peine, *est-il permis ou non de payer le tribut à Cesar.* Ces Pharisiens hypocrites & malicieux, s'imaginoient ce semble avec assez de justice que cette question ne pouvant iamais se resoudre, que par une negative ou par une affirmative qui estoient l'une & l'autre, deux dangereuses extremitez, Jesus Chrift ne pourroit iamais fe tirer de ce pas, fans tomber infailliblement dans le piege qui luy eftoit tendu; parce qu'en effet, s'il repondoit d'un cofté qu'on ne pouvoit exiger ce tribut, fans injuftice & fans violence, il fe declaroit hautement ennemy des Romains, dont la puiffance eftoit redoutable, & s'il repondoit de l'autre, que ce tribut eftoit raifonnable & legitime, il tomboit vifiblement dans la difgrace du peuple des Juifs, en approuvant leur oppreffion & leur fervitude.

Que fait donc à voftre avis le Fils de Dieu, pour fe tirer de cet embarras à la confufion & à la honte des Pharifiens ? Certainement ce fage Sauveur plus avifé encore que fes plus rufés ennemis, prenant fagement une jufte mediocrité, entre ces deux extremitez vitieufes; il refout leur difficulté, où pour mieux dire, il confond leur artifice avec une fageffe tout a fait incomparable & divine. Car enfin leur ayant demandé un denier qui eftoit la monnoye du tribut, leur ayant fait remarquer en méme temps, que cette monnoye portoit l'image & la figure de Cefar ; il leur repond auffitôft en accordant fagement les interefts de deux puiffances Souveraines que les Juifs regardoient comme incompatibles, *rendez à Cefar*, leur dit-il, *les chofes qui font à Cefar,*

& à Dieu celles qui font à Dieu.

C'eft juftement, mes Freres, fur ce patron & ce modelle facré que les Difciples
& les Apoftres du Fils de Dieu ont pris
foin de nous recommander tout enfemble
les devoirs de la juftice & de la pieté, & fi
vous voulez confulter leurs Oracles Divins
non pas avec envie, & avec malignité comme les Pharifiens, mais dans le defir & le
deffein religieux de conformer voftre conduite à leurs preceptes, & d'apprendre de
leur bouche la fçience du falut eternel, vous
verrez que ces Difciples bien-heureux étans
les fidelles interpretes de la doctrine de ce
divin Maiftre, & que ne difans rien abfolument, où qu'ils n'ayent entendu de fa
bouche facrée, où qui ne leur ait efté inf-
piré par les mouvemens de fon Efprit, vous
verrez, dif-ie, qu'il nous reprefentent Dieu
& Cefar, comme deux Souverains dans
l'Univers, l'un dans le Ciel & l'autre fur
la terre, dont la puiffance & la nature, à
la verité font infiniment differentes, qui me-
ritent par confequént de la part des hommes, des hommages & des devoirs tout a
fait differens, Mais dont apres tout, la charge & l'empire ont tant de liaifon & de con-
formité que bien loin de fe combattre & fe
détruire mutuellement comme s'il eftoit impoffible de s'attacher à l'un, fans abandon-

her en mefme temps le party de l'autre ; il
eſt certain, au contraire que leurs intereſts
ſont ſi étroitement unis qu'on ne ſauroit rendre à l'un ce qui luy appartient dans toute
ſa perfection, ſans rendre en meſme temps à
l'autre ce qui luy eſt deu dans toute ſon
étenduë, & c'eſt particulierement, mes Freres ce que vous apprendra l'Apôtre S. Pierre,
ſi pour vous inſtruire parfaitement, vous
voulez le conſulter ſur ce meſme ſujet, *craignez Dieu, honorez le Roy*, vous repondra-t-il
dans le texte que vous venez d'entendre, &
par ce moyen veut il dire, vous rendrez
tout d'un coup ſelon le precepte de voſtre
Divin Maiſtre, vous rendrez à Dieu les
choſes qui ſont à Dieu, & à Ceſar celles
qui ſont à Ceſar.

Nous avons creu, mes Freres, que voyans
encores aujourd'huy noſtre aſſemblée, aug-
mentée, & accreuë par la preſence des plus
conſiderables & des plus éclairez de nos
concitoyens, nous ne pouvions iamais choi-
ſir un ſujet dans toute l'Ecriture, dont la
matiere ſoit plus agreable, dont la meditation ſoit plus importante, & dont enfin
la pratique ſoit plus ſalutaire. Car enfin
comme vous voyez que dans ces paroles
qui ſe diſtinguant d'elles meſmes, en deux
parties principales, vont faire auſſi s'il plaiſt
au Seigneur deux principales parties dans

A iij

noſtre diſcours , comme dis-ie , S. Pierre
nous y recommande tout d'un coup *de crain-*
dre Dieu, & d'honorer le Roy , qu'y a t'il d'un
coſté , de plus grand , & de plus adorable dans le Ciel que Dieu, qui eſt le Monarque & le Roy de tout l'Univers ? Et qu'y
a-t-il de l'autre, de plus auguſte , & de plus
ſacré ſur la terre que le Roy , qui eſt l'image vivante & viſible de ce grand Dieu vivant ? D'un coſté par conſequent qu'y a-t il
de plus ſacré & de plus inviolable que la
crainte que nous devons à Dieu ? Et qu'y
a-t-il de l'autre de plus juſte , & de plus
naturel que l'honneur que nous devons au
Roy ? Puis donc, Freres bien-aimez , puis
que c'eſt icy une matiere qui accorde heureuſement les intereſts de l'Egliſe, & de l'é-
tat , de la Religion & de la ſocieté : Je
veux dire en un mot de Dieu & du Roy,
apportez icy tous ſans exception des oreilles atentives , mais ſur tout apportez des
cœurs fidelles & ſuſceptibles des ſaintes
impreſſions , que veut nous donner ce grand
Apôtre, & ſi autrefois le Prophete Roy diſoit au peuple , dont il avoit la conduite,
venez enfans écoutez moy , & ie vous appren-
dray la crainte de l'Eternel, ne pouvons nous
pas vous dire aujourd'huy , pour exciter encore plus fortement voſtre attention & yô-
tre zele ; venez, fidelles Chrétiens, écoutez-

moy auec attachement, & auec obeïffance
de foy, puifqu'empruntant à cette heure
le langage de S. Pierre, je vas vous apprendre tout enfemble à craindre Dieu, &
à honorer le Roy, afin que vous foyez puiffamment confirmez dans la fainte Profeffion
que vous faites, d'eftre tout enfemble, &
de religieux adorateurs de voftre Dieu, &
de fidelles fuiets de voftre Roy. Mais d'autant apres tout, ô Dieu, (car c'eft à toy
feul que pour obeïr à ton commandement
nous adreffons nos prieres & nos vœux dans
nos neceffitez) d'autant qu'en vain, nous
parlerons aux oreilles de ton peuple pour
luy infpirer la crainte de ton Nom & le refpect de ce qui porte particulierement icy
bas les traits, & les caracteres de ta Divinité, fi toy mefme ne parles & n'agis puiffamment au dedans de leurs cœurs ; veüille
s'il te plaift Seigneur *animer tellement ta pa-*
role en noftre bouche de la grace falutaire,
& de la vertu penetrante de ton S. Efprit que
cette parole Divine, penetrant bien avant
dans nos cœurs, que faifant une vive &
profonde impreffion fur nos efprits, nous
n'ayons iamais de plus forte paffion, que de
te craindre, ô noftre Dieu, & d'honorer nôtre Roy, Ainfi foit il.

L'Apoftre S. Pierre ayant employé le I. partie
commencement de ce chapitre à reprefenter

A iiij

aux fidelles l'excellence, & la dignité de leur vocation, il employe fagement l'autre partie á leur remettre devant les yeux tous les devoirs religieux & facrez dont cette fainte vocation leur impofoit fortement la neceffité, & voulant pour ce fujet leur en d'onner, comme un fommaire, & un abregé en peu de mots, il leur dit dans le verfet, dont nous avons tiré noftre texte, *portez honneur à tous, aymez fraternité, craignez Dieu, honorez le Roy*, comme voulant dire, que pour fatisfaire premierement aux devoirs naturels de l'humanité, nous devons honorer generalement toutes fortes de perfonnes, comme eftans avec nous participantes d'une mefme nature, & formez à la reffemblance d'un mefme Dieu, en forte pourtant que nous devons cherir particulierement comme nos freres, ceux qui eftans honorez d'une mefme alliance font appellez comme nous à poffeder un mefme heritage, & qu'en fuite pour nous acquiter des juftes devoirs de la Religion, & de la pieté qui font d'autant plus importans, qu'ils ont des objets plus dignes de nos hommages & de nos fervices, nous fommes particulierement dans l'obligation, *de craindre Dieu, & d'honorer le Roy*. Or afin, mes Freres, de nous attacher precifement à vous faire voir l'importance & la neceffité de ces deux derniers devoirs

felon les juftes bornes, que nous nous fommes prefcrites ; ie n'entreprendray pas d'a-
bord, de vous definir precifement ce que
c'eft que Dieu : C'eft là un myftere comme
vous favez, qui pour eftre expliqué, demande bien moins le raifonnement & la cu-
riofité, que l'étonnement & le filence ; Je
pourrois bien vous dire veritablement, ce
que Dieu n'eft point en rejettant tous les
vices, & toutes les imperfections des creatures, qui ne peuvent iamais fe rencontrer
dans une nature auffi excellente, & auffi noble qu'eft celle du Createur ; mais iamais ie
ne pourrois parvenir à vous faire comprendre parfaitement ce qu'il eft, tant fes pro-
prietez, & fes perfections furpaffent la foi-
ble portée de nos efprits, auffi bien que de
nos fens : Et cet ancien Philofophe qui fut *Simoni des Hie-ron.*
follicité par un Prince Payen de l'inftruire
particulierement fur cette importante matiere, n'eut pas pas mauvaife raifon de demander d'abord un jour pour y fonger avec
application, apres quoy il fouhaitta que ce
terme luy fuft prolongé de deux autres
jours, lefquels eftant encore écoulez, il en
demanda jufques à quatre, & enfin ayant
employé inutilement tout ce temps dans cette meditation, il confeffa ingenuëment que
plus il faifoit d'efforts pour penetrer dans
la nature de la divinité, & plus il y decou-

vroit de profondeurs & d'abyſmes impene-
trables à l'eſprit humain. Nous ne nous ar-
rêterons pas non plus à vous alleguer des
preuves de l'exiſtence , & de l'unité de
Dieu, puiſque ce ſont deux veritez eſſen-
tielles, dont la nature & la grace, dont la
Loy & l'Evangile, dont la raiſon & la foy
dont le conſentement de tous les peuples &
le témoignage meſme de nos propres con-
ſçiences , nous perſuadent d'une façon ſi
claire & ſi convaincante , qu'il faut eſtre
tout a fait inſenſible & meſme inſenſé, comme diſoit David, pour dire , où qu'il n'y a
point de Dieu, ou qu'il y en a pluſieurs ;
car enfin nier abſolument la Divinité, & la
multiplier ne ſont proprement qu'une ſeule
& meſme choſe.

Mais cependant , comme dans ces noms
meſmes de Dieu, & de Roy ; S. Pierre veut
aſſeurement nous faire découvrir des raiſons & des motifs qui nous engagent puiſ-
ſamment à craindre l'un , & a honorer l'autre, il eſt à propos ce me ſemble de vous repreſenter en un mot, quelle eſt l'excellence
& la dignité de ces deux objets , afin de
vous faire comprendre plus facilement dans
la ſuite , quelle eſt cette crainte, quel eſt
cet honneur qu'ils doivent attendre legitimement de la part des hommes. Premierement
donc mes Freres , pour ce qui eſt de *Dieu* , à

qui noſtre Apoſtre donne icy juſtement le premier rang, comme à celuy qui eſt ſans contredit le plus parfait & le plus excellent, ie ne ſaurois ce me ſemble vous en donner une idée plus digne & plus noble, quoy qu'au reſte toûjours imparfaite & defectueuſe que de vous le repreſenter avec les auteurs ſacrez, comme un juge ou un Roy qui a premierement une main forte, & un bras étendu, c'eſt a dire une puiſſance infinie par laquelle apres avoir formé, il ſoûtient & conſerve tout l'univers, qui a pareillement des yeux penetrans, c'eſt à dire une connoiſſance & une ſageſſe adorable, par laquelle il contemple toutes les parties du monde; il en meut tous les reſſorts & en conduit tous les évenemens, qui veut bien luy meſme s'attribuer des entrailles de Pere & de mere, c'eſt à dire des compaſſions & des miſericordes qui s'émeuvent tendrement à l'ouye & a la veuë des miſerables, qui a quelquefois au contraire des yeux tous enflamez, & des narines toutes fumantes de courroux, c'eſt à dire une juſtice vengereſſe, armée de glaives & de foudres, pour la punition des criminels; qui a enfin un trône magnifique élevé juſques dans les Cieux c'eſt à dire une Majeſté & une gloire que les Anges meſmes regardent avec reſpect & adorent avec humilité. Mais pour comprendre en un mot le sens & la verité de tous ces noms & de toutes ces figures, dont Dieu luy mesme à voulu se reveſtir dans ſa parole, pour s'accommoder à noſtre infirmité, vous n'avez qu'a vous reſſouvenir que celuy dont il s'agit d'abord en noſtre texte ; *c'eſt l'Eternel le Dieu fort & puiſſant,* comme parlent les Prophetes ; c'eſt *le Dieu Viuant & Vray,* comme s'en expriment les Apôtres, & vous concevrez auſſi-toſt, que c'eſt un eſtre adorable, qui eſt incomprehenſible dans ſa nature, immenſe dans ſon étenduë, eternel dans ſa durée, immuable dans ſes conſeils, fidelle dans ſes promeſſes, inepuiſable dans ces faveurs, redoutable dans ſes jugemens & infiny dans toutes ſes perfections & par conſequent il n'en faut pas d'avantage, pour vous faire avouër dés à preſent que S. Pierre nous propoſant ce divin obiet entre tous ceux que nous devons regarder, comme dignes de nos hommages & de nos devoirs ; il a raiſon de nous dire, *craignez Dieu.*

Mais vous ſerez plus particulierement éclaircis & confirmez dans cette penſée ; ſi vous voulez faire reflexion, que la crainte dont S. Pierre veut icy nous inſpirer les mouvements, à l'egard de Dieu, n'eſt pas une crainte turbulente & inquiete, plus propre aux Demons & aux reprouvez, qu'aux veritables fidelles. Ce n'est pas cette passion lâche & timide, qui dans la morale Chrétienne, n'est causée que par une deffiance criminelle, qui n'est accompagnée que d'agitation & de trouble, & qui bien souvent n'est suivie que d'un funeste desespoir : c'est cette crainte, comme vous savez, qui fait que les Diables tout endurcis qu'ils font dans leur rebellion, tremblent & fremissent iusques dans les enfers, comme s'en exprime S. Jaques, sachans qu'il y a un Dieu dans le Ciel, dont la iustice inexorable leur fera sentir des peines eternelles. C'est cette crainte qui fait que nos premiers parens ayans perdu, pour ainsi dire la belle robbe de leur innocence & de leurs integrité, ils n'entendent pas plûtost la voix de l'Eternel, qui faisoit auparavant tous leurs plaisirs & toutes leurs delices, que dans l'apprehension de sa colere & dans la confusion de leur nudité, vous les voyez qui se cachent tout tremblans & tout effrayez parmy les arbres du jardin. C'est cette crainte pareillement, qui fait que le malheureux Caïn voyant bien par les iustes reproches du Dieu vivant, que le sang de son frere qu'il avoit si cruellement répandu crioit vengeance contre luy d'une maniere qui luy ostoit tous les moyens, & de déguiser la faute qu'il avoit commise & d'éviter les peines qu'il avoit meritées, il

chap. 2. 19

Gen. 3. 8.
10.

14

s'ecrie dans des tranfes & des agitations mor-
telles, *quiconque me trouuera me tuëra! ma peine helas! eſt plus grande que ie ne la puis porter.*
C'eſt cette crainte enfin qui fait que le per-
fide Ahitophel, & le traiſtre Judas, voyans
avec douleur, l'un que fon confeil perni-
cieux avoit eſté diffipé & l'autre que fa noire
trahifon avoit fait mourir l'innocent & le juſte, par un cruel defefpoir ils s'étranglent tous
deux & fe donnent la mort. Mais la crainte,
mes Freres, que nous recommande icy noſtre
Apôtre, eſt d'une nature & d'une vertu infiniment differente; c'eſt une crainte humble & fidelle, une crainte filiale & refpectueufe, qui
eſtant le veritable caractere des veritables enfans de Dieu, n'a pour principe que la foi, pour
compagne, que l'amour & l'humilité, & dont
enfin l'effet ordinaire & naturel, c'eſt la fanctification & la felicité. C'eſt cette crainte,
par exemple, qui fe remarque dans le Patriarche Noë, lequel eſtant divinement
averty de la ruïne du premier monde que
Dieu avoit arreſtée en fon confeil, *par foy il
craignit,* comme parle l'Apoſtre S. Paul, &
dans les faints mouvements de cette crainte
& de cette foy qui ne font pas incompatibles
comme nous verrons tout à l'heure, *il bâtit
l'Arche pour le falut de fa perfonne & de fa
famille;* c'eſt cette crainte religieufe, qui fe
fait encore admirer dans le Patriarche Abra-

Gen. 4.
13. 14.

2 Sam. 2.
17. 23

Matt. 27.
5.

Hebr. 11.
7.

ham, qui pour ce fuiet peut-eftre appellé le pere des craignans, auffi bien que des croyans lors qu'ayant receu ordre de fon Dieu de luy facrifier fon fils unique, par un effet admirable de fa crainte , auffi bien que de fa foy, il fe met en eftat auffi-toft de luy donner cette preuve fignalée de fon obeïffance, d'où vient que Dieu luy-méme luy retenant le bras dans le moment qu'il alloit luy faire ce fanglant facrifice, il luy rendce témoignage fi avantageux ; *maintenant ie connois que tu crains Dieu , veu que tu n'as point épargné ton Fils unique pour l'amour de moy ;* n'eft-ce pas enfin cette crainte falutaire, dont le fils de Dieu luy-mefme n'a pas jugé les mouvements indignes de fa perfonne facrée, puifque pendant les iours de fa chair, il offrit à Dieu des prieres & des vœux avec des cris & des larmes pour eftre exaucé de ce qu'il craignoit, comme s'en exprime l'Apoftre S. Paul.

Afin donc de vous marquer icy diftinctement quels font les veritables mouvements de la crainte que S. Pierre nous reprefente icy comme le plus facré devoir de la Religion & de la pieté, ie dis premierement que tous les hommes en general doivent craindre Dieu comme leur Createur & leur fouverain en la prefence duquel, ils ne font *que poudre & que cendre ,* comme difoit le Patriarche Abraham ; mais j'ajoúte en mefme temps que

les uns ; ie parle des mechans ; & des reprouvez, le doivent craindre , comme un
juge rigoureux , dont ils ont violé les loix
& provoqué la vengeance , au lieu que les
autres, j'entens les fidelles le doivent craindre comme un Pere tendre & affectionné qui
apres leur avoir donné l'eftre & la vie dans
la nature, les a adoptez par fa grace ; ceux là
veritablement , le doivent craindre comme
un ennemy redoutable, qui peut en un moment les confondre & les détruire , mais
ceux-cy au contraire le doivent craindre
comme un Roy tout puiffant & tout bon
qui peut & qui veut tout enfemble les affranchir & les glorifier. Ceux là par confequent
doivent regarder Dieu avec une crainte d'ef-
claves & de criminels , qui apprehendent de
leur Maiftre & de leur juge , le châtiment
& la punition ; mais ceux-cy au contraire
le doivent envifager avec une crainte d'enfans , qui cheriffans la perfonne de leur pere
& refpectans fon authorité, font jaloux de
fa gloire, & foigneux de faire fa volonté.
Car en effet, mes Freres , comme l'amour fans
la crainte , ne peut-eftre en cecy qu'une or-
gueilleufe confiance & une fecurité prophane, la crainte pareillement fans l'amour ne
peut-eftre qu'une agitation inutile ou une
Neron. défiance criminelle & au lieu qu'autrefois
cet Empereur Romain , dont la mémoire eft
encore

encore aujourdhuy fi odieufe dans le monde, difoit ordinairement de fes fujets; *qu'ils
me haïffent pourueu qu'ils me craignent*, Dieu au
contraire, dont l'Empire eſt plus doux fans
comparaifon, quoy qu'il foit infiniment plus
abfolu, veut bien à la verité qu'on le crai-
gne, mais il veut en mefme temps, que cette crainte foit toute pleine de confiance &
d'amour; il veut bien un peuple qui le ferve,
mais il veut que ce peuple le ferve avec
une franche volonté, comme difoit David ;il *Pf. 101. 1.*
veut bien enfin qu'on charge fon joug &
qu'on fe foûmette à fon Empire, mais il
veut fur tout qu'on le charge avec joye &
qu'on le porte avec allegreffe. Sans cela,
mes Freres, la crainte de Dieu ne peut-eftre
qu'une crainte baffe & fervile, une crainte
lâche & mercenaire, qui ne fait agir ceux
qu'elle anime & qu'elle infpire que par l'ef-
poir de la recompenfe, ou par l'apprehen-
fion de la peine, & point du tout par amour
pour leur maiftre, ny par zele pour fa gloire, ny par affection pour fon fervice: Et c'eft
cette verité importante que le Fils de Dieu
luy mefme nous enfeigne affez clairement
par une Parabole de fon Evangile, lorfqu'il *Matth. 25*
nous reprefente un ferviteur, qui ayant dit *verf. 24.*
à fon maiftre que par crainte de fa rigueur *& fuiv.*
& de fa feverité, il avoit caché & enfoüy
fon talent en la terre, au lieu de le faire

B

valoir avec induſtrie, il eſt condamné par ſon maiſtre, comme un lâche & inutile ſerviteur à eſtre *jetté dans les tenebres de dehors, où il y aura pleur & grincement de dents :* mais la crainte au contraire qui procedant de la foy eſt heureuſement accompagnée de réſpeɛt & d'amour, de ſoûmiſſion & d'humilité, eſt une crainte pure & affeɛtionnée, dont tous les mouvements ſont genereux & desintereſſez, c'eſt une ſage precaution, c'eſt une ſainte vigilance qui nous fait veiller & prier ſans ceſſe, de peur que nous ne tombions ou dans la tentation de nos ennemis ou dans l'inimitié contre Dieu; c'eſt meſme un exercice religieux & ſacré dans lequel nous nous portons avec allegreſſe & avec promptitude à l'execution de ſes commandemens; en un mot cette crainte eſt ſi agreable à Dieu & ſi ſalutaire au pecheur, elle eſt ſi importante & ſi eſſentielle dans le ſervice divin que vous voyez dans l'Ecriture, que Dieu luy meſme recommandant à ſon ancien peuple l'obeïſſance & le ſervice qu'il luy devoit, par tant de raiſons; il en pluſieurs lieux de l'Exode & du Deuter. luy dit pour toutes choſes, *tu craindras l'Eternel ton Dieu,* c'eſt à dire tu l'adoreras avec reſpeɛt, tu l'aimeras avec ardeur, tu le ſerviras avec affeɛtion, tu luy obeïras avec allegreſſe, tu le glorifieras avec aſſiduité; & ne ſavez vous pas qui plus eſt, que les au-

teurs facrez voulant relever avantageufe-
ment la fanctification & la pieté d'un Job,
par exemple, d'un David, d'un Jofias, d'un
Ezechias, & en un mot de tous ces faints
perfonnages, dont elle nous propofe l'exemple ; ils croyent juftement ne pouvoir leur
donner un eloge plus digne, ny un caractere plus glorieux que de leur donner le titre
de *craignans Dieu*, parce qu'en effet, nous
pouvons dire en encheriffant fur la penfée
de David, que non feulement la *crainte de l'E-
ternel eft le principe & le commencement de la
fageffe*, nous pouvons aioûter qui plus eft
qu'elle eft l'Alpha & l'Omega, ie veux dire le
commencement & la confommation de nôtre
falut, & que par une heureufe influence qu'elle repand fur toutes les actions de noftre vie
elle commence, elle continuë, elle augmen-
te, elle perfectionne, elle acheve de tout
point l'œuvre de noftre fanctification & de
noftre felicité, en forte que fi S. Paul dit à
l'avantage de celuy qui aime fon prochain,
qu'il a accomply la loy, nous pouvons dire encore avec plus de juftice à la loüange de celuy qui *craint Dieu*, qu'il a accomply tout
d'un coup & tous les commandemens de la
loy, & tous les devoirs de la pieté & de la
charité, & fi enfin il y a des Philofophes
qui ont foutenu dans la Morale que l'amour
eft toutes les paffions enfemble, nous pou-

Iob i. 1.
Pf. 11r.
10.

Rom. 1j
8. 1o.

vons affeurer dans la Religion que la crainte de Dieu toute feule, eft toutes les vertus Chrétiennes; Car effectivement celuy qui
craint Dieu de la maniere, que l'entend S.
Pierre & que nous venons de l'expliquer, il
écoute lors que Dieu parle, il croit, lors
que Dieu affeure, il obeït lors que Dieu commande, il efpere lors que Dieu promet, il
tremble lors que Dieu menace, il aime lors
que Dieu pardonne, & enfin il s'humilie &
fe convertit lors que Dieu afflige; en un mot
l'homme craignant Dieu eft tout enfemble
fobre envers foy-mefme, iufte envers fes
prochains & religieux envers Dieu qui font
comme vous favez toutes les parties de la
fanctification; & c'eft pourquoy le plus fage de tous les hommes voulant nous faire
remarquer qu'il y a naturellement une étroi-
te liaifon & une fuite neceffaire entre la
crainte de Dieu & l'obfervation de fa loy
qui attire infailliblement apres elle le fentiment de fa grace & la poffeffion de fa gloire, nous dit tantoft dans les Proverbes
crains l'Eternel & te détourne du mal, tantoft dans l'Ecclefiafte, *crains Dieu & garde
fes commandements*, comme voulant dire qu'on
ne fauroit avoir dans le cœur la veritable
crainte de Dieu, fans eftre dans toute fa vie
religieux obfervateur de fa volonté.

Mais au refte, mes Freres, comment eft-ce

direz-vous, que peut s'accorder l'exhortation que S. Pierre nous fait icy de *craindre
Dieu* avec l'esprit de l'Evangile & avec les
maximes des autres Apostres qui ne nous
inspirent & ne nous recommandent par tout
que la confiance & l'amour : S. Paul, par
exemple ne nous dit-il pas expressement que
Dieu anime ses fidelles sous l'Evangile *non
plus d'un esprit de seruitude pour estre derechef en crainte, mais d'un esprit d'adoption &
de liberté qui nous fait crier auec asseurance Abba
Pere* ? Le mesme Apostre ne nous dit-il pas
ailleurs que *Dieu nous a donné un esprit, non
pas de timidité, mais au contraire de force, de
dilection & de sens rassis* ? Et enfin S. Jean ne
nous enseigne-t-il pas, qu'il n'y a point de
peur dans la charité, mais que la parfaite
charité chasse entierement la crainte & la
peur ? Comment donc, dirés vous, pourra
t-on accorder la crainte que nous recommande S. Pierre avec l'asseurance & la charité
que le S, Esprit nous represente ordinairement comme le caractere des veritables Chrétiens ? La crainte & la hardiesse ne sont elles
pas contraires & incompatibles, & par consequent les maximes des Ecrivains sacrez ne
semblent elles pas en cecy se combatre & se
détruire mutuellement ? Mais non mes Freres,
il n'y a rien en cecy qui bien loin de se détruire ne s'accorde parfaitement, & vous en se-

*Ro
15.*

*2. Timot.
17.*

*1. Ep. S.
Iean 4.
18.*

rez pleinement perſuadez , ſi vous voulez conſiderer que quand les Apoſtres condamnent la crainte comme contraire à la liberté des enfans de Dieu, ils entendent une crainte ingenieuſe à tourmenter le pecheur , qui ne luy faiſant enviſager Dieu , que ſous des idées effrayantes & avec un appareil redoutable , remplit ſon ame d'agitation & de trouble , de terreur & d'épouvante, & ſouvent meſme d'angoiſſe & de deſeſpoir, ils veulent parler de cette crainte qui eſtoit propre à l'eſprit & au genie de la loy , laquelle ne faiſant d'elle meſme éclater aux yeux des pecheurs que des brandons de feu & des tourbillons de fumée , & ne faiſant retentir à leurs oreilles , que des Anathêmes & des maledictions les faiſoient crier avec frayeur , tous en general, *nous mourons car nous auons veu Dieu* & chaqu'un en particulier, *las ! miſerable que ie ſuis qui me deliurera de ce corps de mort !* Mais lors au contraire que S. Pierre & les autres Apôtres nous recommandent la crainte & méme le tremblement comme important & neceſſaire pour noſtre ſalut , ils entendent un reſpect religieux & une profonde humilité qui bannit de nos cœurs l'orgueil & la preſomption & qui nous faiſant ſentir vivement nôtre miſere & noſtre indignité nous fait recourir avec ardeur à la miſericorde de Dieu & approcher avec aſſeurance du thrône de ſa

grace & repofer avec douceur fur la fermeté inebranlable de fes promeffes ; ils entendent , qui plus eft , une fage & fainte pre-
voyance , qui nous remettant continuellement devant les yeux , la fainteté auffi bien
que la grandeur du Dieu que nous adorons,
nous fait éviter foigneufement , tout ce qui
pourroit l'offenfer & lui déplaire , & obferver
en mefme temps , tout ce qui peut fervir à
l'établiffement de fon regne & a l'avancement
de fa gloire ; par cette crainte , en un mot
comme nous l'avons déja remarqué , les auteurs facrez entendent generalement toutes
les parties & du devoir du fidelle & du fervice de Dieu.

Et cela eftant , mes Freres , ne vous éton-
nez pas fi nonobftant tous les fujets & tous
les motifs , par lefquels l'Evangile tâche de
nous infpirer la confiance & l'amour , S.
Pierre cependant nous exhorte icy à *craindre* ;
fi Salomon declare encore en plus forts
termes que *bien heureux eft l'homme qui fe don-* *Prov.* 28.
ne frayeur continuellement , & fi enfin l'Apô- 14.
tre S. Paul , nous avertit de *trauailler à noftre* *Phillip.*
falut auec crainte & tremblement ; ne vous 12.
imaginez pas que les faints hommes en parlant de la forte , veüillent troubler la paix &
le repos de nos confciences , en nous infpi-
rant la défiance de la grace de Dieu & l'in-
certitude de noftre propre falut ; non fans

doute, il n'y a rien de plus contraire à leur intention que cette pensée ; car enfin ils veulent seulement, par ces exhortations, ils veulent condamner cet assoupissement spirituel, cette securité prophane dans laquelle se plongent & se perdent miserablement la plus part des pecheurs, ils veulent nous inspirer, au contraire les mouvements & les soins d'une sainte vigilance & d'une religieuse solicitude qui nous oblige à nous tenir tousiours sur nos gardes, pour resister aux ennemis de nostre salut, & tousiours en exercice pour faire la volonté de nostre Pere qui est aux Cieux : Et afin que vous ne doutiez pas, que ce ne soit là precisement l'intention & la pensée des auteurs sacrez, lors, par exemple que le Patriarche Jacob, par une figure & une eloquence toute divine ne

Gen. 31. fait point difficulté d'appeller Dieu *la frayeur d'Isaac*, pensez vous pour cela que la consideration & le service de ce grand Dieu iettast ce saint homme dans des frayeurs & des alarmes continuelles ? Non sans doute, ils ne paroist rien de plus asseuré que sa conscience ny de plus tranquille que sa vie ; mais Jacob vouloit dire à la gloire de son Dieu & a la loüange de son Pere, qu'Isaac avoit esté si fidelle & si humble, si saint & si religieux dans toute sa conduite, qu'il avoit toûjours l'Eternel dans l'esprit & devant les yeux comme l'unique objet de sa crainte & de son amour & en un mot comme le principe & le but de toutes ses actions ; lors tout de mesme, que l'Apostre S. Paul disoit à l'Eglise de Rome comme s'il eust preveu dés lors les desordres, dans lesquels elle devoit tomber quelque jour, *ne t'éleue point par orgueil, mais crains*, ne voyez vous pas qu'opposant la crainte à la presomption, il recommande manifestement la vertu contraire à ce vice, je veux dire l'humilité ? Mais lors sur tout que le Prophete David exhorte son peuple à servir l'Eternel en crainte & a s'égayer avec tremblement, en conscience, n'est il pas clair que la ioye & le tremblement, selon ce grand Prophete, pouvant fort bien se rencontrer ensemble, dans le cœur du fidelle ; il entend donc par ce tremblement & par cette crainte non pas de l'agitation & de la défiance qui sont incompatibles avec la ioye spirituelle, mais de l'humilité & de la vigilance qui s'accordent fort bien avec une sainte allegresse, & si vous voulez, enfin que nous vous confirmions dans ce sentiment par le témoignage des Peres de l'Eglise, aussi bien que par l'authorité des prophetes & des Apôtres ; il est certain qu'Origene, S. Augustin, S. Jerosme, S. Ambroise, S. Chrysostome, S. Hilaire & d'autres encore faisans le commentaire de tous ces passages où il est parlé de crainte & de tremblement, ils enseignent

Rom. 11. 12.

Origene. tract. 35. in Matt. Auguft. in Pf. 2. 65. 67. 85. 103. 118. &

sæpe alibi
Hieron.
ad fabio-
lam de 23
mans.
Israël.
Ambros.
in cap. 11
Ep. ad
Rom.
Chryfoft.
ad populū
Antioch.
homilia.
38. de hu-
militate.
Hilarius
in com.
in Pf. 2.
Serm.
94 de
tempore

en termes exprés que les autheurs facrez fans rien avancer en cela, qui renverfe l'affeurance du fidelle & ébranle la certitude du falut ils ont voulu feulement abbattre l'orgueil & condamner la fecurité de la nature corrompuë; *veux tu fauoir*, difoit particulierement S. Auguftin avec l'elegance & la grace qui luy font ordinaires, *veux tu fauoir pourquoy il faut felon S. Paul que tu trauailles à ton falut auec crainte & tremblement ? C'eft*, ajoute t-il *c'eft que l'humilité obtient facilement ce que l'ambition ne peut pas feulement efperer & qu'enfin Dieu refifte aux orgueilleux, mais il fait grace aux humbles.*

Et à cette occafion, mes Freres, puifqu'elle fe rencontre affez à propos, ce me femble, ie ne faurois m'empefcher d'éclaircir & de juftifier en un mot, un paffage de Calvin, dont quelques Docteurs de Rome ont pris occafion de diffamer la doctrine & la memoire de ce grand perfonnage, dont cependant d'autres Docteurs de la mefme communion, plus équitables & plus celebres ont fait affez hautement l'éloge & le panegyrique; il dit donc ch. 17.
art. 2. dans le quatriéme livre de fon inftitution Chreftienne, que par un effet admirable de la Communion de Jefus Chrift & de fes fidelles, dont cecy eft
dit à l'oc-
cafion
d'un Pre-
dicateur le facrement de l'Euchariftie féelle la grace & ferre les nœuds avec une efficace merveilleufe, il y a une liaifon fi in-

feparable & fi indiffoluble ; il y a en un mot une fi parfaite communauté de biens & de maux entre les fidelles & ce bien heureux Sauveur, qu'on peut dire juftement que *le falut ne fauroit manquer aux fidelles non plus qu'à Iefus Chrift* & que nous ayant impu-té fa iuftice, comme fi elle eftoit la nôtre, apres s'eftre imputé nos pechez, comme s'ils euffent efté les fiens propres, *il eft impoffible apres cela que nous demeurions non plus que luy dans la condamnation & dans la mort.* C'eft là fi ie ne me trompe l'expreffion & la pen-fée de Calvin dans toute fa force ; mais qu'y at il en cela, fi on veut l'examiner fans paffion & fans prejugé, qui ne foit ortodoxe & Chreftien, qui ne foit plein de lumie-re & de confolation, qui ne foit en un mot tout a fait conforme à la doctrine de l'Evan-gile ? J'avouë que s'il parloit en cela de luy feul en particulier, qui eft le langage qu'on luy fait tenir & le perfonnage qu'on luy fait joüer ordinairement pour le rendre plus odieux, s'il fe vouloit tirer du pair des fidel-les & fe mettre en parallele avec le Fils de Dieu ; j'avouë qu'en ce cas, il pafferoit ju-ftement pour un temeraire & un prefom-ptueux, mais au contraire ce faint homme, ce grand Docteur fait gloire de fe mettre au rang & au nombre de tous les fidelles ; j'avouë encore que s'il fondoit & la neceffité qu'il y

Capucin qui deux ou trois jours auparavant avoit diffamé publiquement Calvin à l'occafion de ce paffage & qui eftoit prefent à cette action.

a que les fidelles foient fauvez & l'impoffi-
bilité qu'il y a au contraire qu'ils foient
condamnez & perdus, s'il fondoit dis-ie ces
privileges glorieux ou fur les mouvements de
la chair & du fang, ou fur les forces de la nature & du franc-arbitre, ou fur l'excellence &
merite des œuvres qui font comme autant de
fables mouvants & de rofeaux caffez; j'avouë
que fa penfée feroit condamnable & fa Doctrine dangereufe; mais il fonde uniquement
l'affeurance & l'efperance du fidelle fur le ro-
cher de l'éternité, ie veux dire premierement
fur le decret eternel de l'election de Dieu qui
eft abfolument irrevocable, ie veux dire en
fuite fur l'efficace de la grace & la vertu du S.
Efprit, dont les lumieres & les forces ne man-
quent iamais au fidelle, où pour l'empefcher
de tomber ou pour le relever de fes chutes
mais ie veux dire fur tout qu'il fonde la certitude du falut, fur cette communion bien-heu-
reufe qui unit fi étroitement les fidelles avec
Jefus Chrift, qu'ils font non feulement les
fuiets, dont il eft le Prince, non feulement
les Difciples, dont il eft le maiftre, non feulement les enfans, dont il eft le Pere, mais qui
plus eft, ils font l'Epoufe, dont il eft l'Epoux
ils font les membres, dont il eft le chef, ils
font par confequent chair de fa chair & os de
fes os, & dans cette confideration, qui ôtant
tout à la nature, donne tout à la grace, ne

Ephef 5
29. 30.

peut-on pas dire avec une fainte affeurance
que Jefus Chrift qui eft le chef des fidelles
eftant entré en poffeffion de la gloire, apres
s'eftre delivré heureufement de la condamnation, il eft infaillible & inevitable que les fidelles qui font les membres de ce chef bien
heureux, éviteront, toft au tard le mefme
malheur & poffederont comme luy la mefme
felicité; & n'eft-ce pas en effet fur ce fondement inebranlable, que S. Paul qui ne difoit
rien que par l'infpiration de l'efprit de Dieu ne
fait point difficulté de dire dans la veuë de cet
te fainte union que Jefus Chrift & fes fidelles
font fi étroitement unis & dans la vie & dans
la mort, & dans l'opprobre & dans la gloire
que lors que ce divin Redempteur à fouffert
fur la croix *nous auons efté crucifiés auec luy* lors
qu'il eft mort *il nous a enfeuelis auec lui en fa mort*
lors qu'il s'eft relevé du tombeau *il nous a reffuf-*
citez & viuifiez enfemble auec luy, lors mefme
qu'il eft monté dans le Ciel *il nous a fait feoir*
enfemble auec luy dans les lieux celeftes, quoy
qu'à proprement parler il nous ait laiffez icy
bas fur la terre, & enfin ce grand Apoftre parlant toufiours comme fidelle, ne s'affeure-t-il
pas en plus forts termes fans comparaifon que
Calvin, que le falut ne fauroit luy manquer
non plus qu'à fon maiftre & à fon Sauveur, lors
que deffiant hardiment & toutes les fouffran-
ces de la vie & toutes les horreurs de la mort

toutes les principautez de la terre & toutes
les puiſſances de l'Enfer, & meſme tous les
Anges du Ciel, il declare & proteſte que toutes ces choſes, coniuraſſent elles ſa perte d'un
commun accord, ne ſauroient iamais le ſepa-
rer de la dilection de Dieu, ny de la communion de Jeſus-Chriſt. A voſtre avis mes Freres peut-on iamais exprimer un courage plus
intrepide, une aſſeurance plus reſoluë & une
fermeté plus inebranlable.

2. partie Il ne nous ſeroit pas difficile, mes Freres de
nous étendre plus amplement ſur cette matie-
re, ſi nous n'avions encore icy à conſiderer
une des principales parties de la crainte de
Dieu, ie veux dire l'honneur qui eſt deu au
Roy ; car comme vous ſavez que les Princes
veulent eſtre reſpectez dans tout ce qui porte
leur image & leur reſſemblance, vous pouvez
bien iuger que Dieu, qui eſt le Monarque du
Ciel, voulant à plus iuſte titre, qu'on regarde avec reſpect tous les ſouverains de la terre
qui portent des marques ſi viſibles de ſa grandeur & de ſon pouvoir, c'eſt avec raiſon que
noſtre Apoſtre joignant icy l'honneur du Roy
avec la crainte de Dieu, l'un eſtant une ſuite
naturelle de l'autre *craignez Dieu & honorez
le Roy*, nous dit-il tout d'un temps. Et ſur ce
ſujet, mes Freres que nous voudrions bien veritablement, mais que le temps deſtiné à ces
exercices ne nous permet pas d'examiner dans

toute fon étenduë, nous remarquerons feulement qu'encore que ce nom de Roy fuft
odieux aux Romains, depuis qu'ils avoient
aboly la Royauté qui paffoit parmy eux pour
une injufte tyrannie, S. Pierre cependant
parlant icy à des Juifs & a de Grecs nouvelle-
ment convertis à l'Evangile, aufquels par
confequent ce Nom de *Roy* eftoit ordinaire &
famillier, il ne fait point de difficulté d'appeller
de la forte l'Empereur de Rome dont la nation
des Juifs & prefque tous les peuples du monde
eftoient alors les vaffaux & les tributaires.
Mais pour nous attacher plus particulierement
à la perfonne & à la chofe defignée par ce terme de Roy, il n'y a perfonne qui ne fache
qu'entre tous les états & les gouvernemens
la Royauté à toufiours efté eftimée la plus ancienne & la plus noble auffi bien que la plus
conftante & la plus affeurée ; & fans vous
alleguer icy, que dans la nature la plus part
& des oifeaux du ciel & des beftes de la terre reconnoiffent en quelque façon, des Rois
& des Souverains, que dans la grace pareillement, il n'y a qu'un feul chef, j'entends Jefus
Chrift qui anime & gouverne toute l'Eglife,
que dans le Ciel, il n'y a qu'un feul Soleil
qui éclaire toute la terre, que dans le monde, enfin il n'ya qu'un feul Dieu qui regit tout
l'Univers, d'où on peut conclurre affez rai-
fonnablement qu'il eft plus à propos que par-

my les hommes qui compofent un mefmé
peuple, il y en ait un feul qui commande à
tous les autres ; outre cela, dis je, pour peu
qu'on ait leu l'hiftoire prophane, on fait que
cette matiere importante ayant efté expreffement agitée & dans le confeil de Perfe &
dans la cour d'Augufte s'il y en eut d'abord
quelques uns qui pancherent pour l'Arifto-
cratie & la Democratie qui font les republiques, on conclud enfin d'une commune
voix, que la Monarchie qui donne à un feul
toute la puiffance & l'authorité devoit eftre
preferée comme la plus utile pour le bien
des peuples, & enfin comme la plus neceffaire pour la confervation & la tranquillité des
états.

Et certainement mes Freres, pour vous confirmer dans ce jufte fentiment par l'authorité
de Dieu mefme & par des exemples de l'hiftoire Sainte, ne voyez-vous pas que pendant
la durée du premier monde, les peres par la
fage inftitution de Dieu, auffi-bien que par le
droit de la nature, eftoient les Rois de leur
famille qu'ils gouvernoient comme leur peuple, tout de mefme, que maintenant les Rois
font regardez comme les Peres de leur peuple qu'ils doivent gouverner comme leur famille ? Ne voyez-vous pas qu'apres le délu-
ge, les enfans de Noë fe difperfans dans toutes les parties du monde ce font des Monar-
chies

Heredote
dans fa
3. mufe
Dion Caf-
fius.

chies & point du tout des republiques qu'il
fondent & establissent dans toutes les p artie
du monde ? Lors mesme que Dieu entreprist
d'affranchir les Ifraëlites du joug & de l'empire de Pharao , ne voyez-vous pas que par
une conduite admirable de fa fageffe auffi
bien que de fa puiffance , avant que d'executer cette glorieufe entreprife , il tire le *Exode 12.*
confentement de ce Prince barbare pour la *31.*
liberté de ce pauvre peuple qu'il retenoit
injuftement dans une trifte & rigoureufe fervitude ? Ne voyez vous pas enfuite que Dieu
n'a pas plutoft procuré cette delivrance à cet
ancien peuple, qu'il le foûmet fagement à la *Exode 33*
conduite de Moyfe , qui eftant pres de mou- *5*
Nomb.
rir remet entre les mains de Jofué toute fa *27. 18.*
puiffance & toute fon autorité ? Et fi apres *9 & fui.*
cela les Ifraëlites furent gouvernez par des
Juges pendant quelques fiecles , outre que
ces Juges avoient à peu pres le caractere & l'autorité de Princes , l'Ecriture fainte
ne nous depeint elle pas tout cet efpace de
temps, comme un interregne malheureux tout
plein de confufion & de defordre, tout plein
de dereglement & de licence pendant lequel *Juges 17.*
nous dit-elle, *un chaqu'un faifoit ce qui luy fem-* *6.*
bloit bon & fi enfin ce mefme peuple, fut feve- *1 Sam 8.*
rement repris & condamné, lorfqu'il voulut *5. 6. 7.*
abfolument eftre gouverné par des Roys, ce
qui dura jufques à la captivité de Babilone,

C

ce fut feulement parce que méprifant en quelque façon l'empire & les loix de Dieu mefme
qui de leur republique, faifoit alors comme
une heureufe *Theocratie*, dont il eftoit luy feul
l'arbitre & le fouverain, ils fe montroient
zelez imitateurs des nations idolatres qui ne
vouloient s'affujettir qu'a des Roys, non plus
qu'à des Dieux vifibles qui marchaffent devant eux : mais quoy qu'il en foit, ne voyez
vous pas fur tout que Dieu luy mefme ne
trouvant rien dans le monde qui ait plus de
rapport á fa Majefté divine que la grandeur
Royale, non feulement il declare dans fa
parole qu'il prend un foin tout particulier
de l'établiffement & de la confervation des
Roys, mais qui plus éft meprifant tous ces
titres de Senateur & de tribun, de Conful
& de Dictateur fi fameux dans l'antiquité, il
fe reveft à tous momens du titre de Roy
pour nous donner une idée plus grande &
plus noble, & de l'autorité fouveraine qu'il
poffede naturellement fur toutes les creatures, & de l'empire falutaire que fon Fils exer-
ce particulierement fur fon Eglife ; de forte
mes Freres, que fi on peut dire, fans exception
de toutes les puiffances fuperieures *qu'elles
font de par Dieu*, comme s'en exprime l'Apôtre S. Paul, il faut avouër que les Roys,
comme les plus independans font particulierement établis de fa main & reveftus de fon

autorité, & s'il est vray qu'il a creé gene- Gen.
26.
ralement tous les hommes *à son image &*
semblance, comme parle Dieu luy-mesme, il
est certain qu'il a imprimé en particulier sur
le front des testes couronnées des caracteres si glorieux de sa grandeur & de sa Majesté, que le S. Esprit, pour ce sujet ne fait
point difficulté de les appeller *Dieux & enfans*
du Souuerain voulant par ce moyen les faire regarder comme autant de divinitez visi-
bles icy bas sur la terre ; & telle estant par
consequent l'elevation & la dignité des Roys
n'est il pas facile de comprendre, quand mefme S. Pierre ne le diroit pas, que la crainte de
Dieu ne pouvant estre parfaite, si elle n'est
accompagnée de respect & d'honneur pour
ces personnes augustes qui font éclater si
glorieusement aux yeux des hommes sa puif-
sance eternelle & sa divinité, il faut tout ensemble, comme dit nostre Apostre *craindre*
Dieu & honorer le Roy,

Et cette exhortation, mes Freres, que S.
Pierre emprunte presque en propres termes Prou. 2
du Roy Salomon, estoit d'autant plus con-
venable dans la bouche & dans les écrits
de ce grand Apostre, que d'un costé il estoit
à craindre, que sous ombre que Jesus Christ
auoit affranchy son peuple de la puissance de
tous ses ennemis, quelques uns changeans
mal à propos cette grace & cette liberté

C ij

spirituelle en une licence profane ne se creus-
sent en droit de secouër le joug & l'autorité des puissances superieures ; mais de l'autre costé sur tout on éprouvoit tous les jours
par une triste experience que les Juifs & les
Payens mortels ennemis des Chrestiens les
accusoient de rebellion ou d'irreverence envers les Empereurs, & comme ils avoient voulu faire passer le Fils de Dieu luy-mesme pour
estre ennemy de Cesar & un perturbateur
du repos public ils accusoient pareillement
les Disciples de ce divin Maistre, d'estre des
hommes turbulens & seditieux comme l'O-
rateur Tertulle disoit particulierement de
l'Apostre S. Paul, & c'est pourquoy S. Pierre
voulant faire connoistre à tout le monde
quelle estoit en cecy l'innocence & la sainte-
té de leur discipline, *craignez Dieu, honorez
le Roy*, dit-il à tous les Chrestiens ; Et cet
honneur, mes Freres, pour vous le dire en
un mot consiste à regarder la personne du
Roy avec respect & se soumettre doucement
à son autorité, à recevoir ses commandemens
avec soumission, à luy payer le tribut & le
peage avec une franche volonté & enfin à se
porter à son service avec une entiere fidelité, & pour vous faire voir en mesme temps
que personne absolument, ne sauroit se dispenser de rendre à son Roy tous ses justes
devoirs, ne voyez vous pas premierement

ſous la loy que les ſouverains Pontifes du peuple de Dieu, s'appellent humblement les ſujets & les ſerviteurs de leur Roy comme fiſt Ahimelec à l'égard de Saül ; Que les Prophetes pareillement ſe proſternent devant les Roys pour marque d'une profonde veneration, comme Nathan en uſa envers David ? Ne voyez-vous pas tout de meſme que les Apoſtres reconnoiſſent le tribunal & appellent au jugement de Ceſar comme vous ſavez que fit S. Paul, pour eviter la fureur & la violence du peuple des Juifs ? les premiers Creſtiens dans le meſme Eſprit n'avoient ils pas pour maxime dans les plus ſanglantes perſecutions qui leur eſtoient ſuſcitées par les Empereurs Payens, non pas de ſe revolter mais ſeulement de fuïr ou de ſouffrir, *aut fugere, aut pati* ce ſont les propres termes de Tertullien ? Ne ſavez vous pas enfin que le Fils de Dieu luy-meſme pour montrer à ſes fidelles un bel exemple de la ſoumiſſion qu'on doit avoir pour les puiſſances ſouveraines, a bien voulu, ſans reſiſtance ſubir l'arreſt & la condamnation d'un Juge terrien, dependant d'un Empereur Romain. Et c'eſt pareillement pour nous inſpirer ces juſtes & loüables diſpoſitions que les auteurs ſacrez nous diſent à tous momens, tantoſt *crains Dieu & le Roy*, comme parle Salomon à peu pres dans les termes de noſtre Apoſtre ; tantoſt

C iij

1. Sam 22.

1. Rois 23.

Actes 25. 9. 11.

Tertul. fuga et perſecutione 7.

Matt 27. 26

Jean 19. 16.

Prov. 24. 21.

clef. 8.
ode 22.
clef.
20.
105
m. 13.
5.

prens garde à la bouche du Roy, comme dit le mefme Sage; tantoft *tu ne mediras point du Prince de
ton peuple*, comme portoit expreffement la loy
de Moyfe, *non pas mefme en ta penfée* felon le
commentaire de Salomon : tantoft ne touchez
point à mes oints, comme David fait parler
Dieu luy-mefme ; & tantoft *que toute perfonne
foit foûmife & fujette aux puiffances fuperieures*, comme s'en exprime S. Paul, *non feulement pour l'ire, mais auffi pour la confcience*, non
feulement pour la crainte du glaive qu'elles
portent, mais auffi par l'efperance des faveurs
qu'elles diftribüent , non feulement enfin
quand elles font douces & equitables, comme parle ailleurs noftre Apoftre , mais auffi
quand elles font feveres & rigoureufes ; non
Epift. 2. feulement quand ce font des Auguftes en
clemence, des Tites en douceur & des Trajans
en equité, mais auffi quand ce font des Ne-
rons en cruauté , des Vefpafiens en avarice
des Eliogabales en diffolution & des Diocle-
tiens en impieté ; & certes, mes Freres, quel
eftoit à voftre avis, ce Prince & ce Roy qui
felon S. Pierre en noftre texte devoit eftre
honoré & obeï par les Difciples mefme de Jefus Chrift & par les enfans de Dieu ? c'eftoit
fi vous ne le favez un Empereur Romain, c'eft
à dire un Payen & un infidelle, c'eftoit qui
plus eft le plus cruel & le plus barbare auffi
bien que le plus impur & le plus impie de

tous les hommes, c'eſtoit Neron en un mot
la peſte & l'opprobre du genre humain, cependant le croiriéz vous, mes Freres ,cependant
il n'eſt rien de plus vray , c'eſt de cet infa-
me tyran plutoſt que de ce veritable Roy
que S. Pierre recommande icy le reſpect
& l'honneur, tant il eſt vray que le caractere des ſouverains eſt un caractere tout a fait
indelebile & inviolable, & comme c'eſt par
Dieu ſeul que les Roys regnent ſelon qu'il *Prov.*
eſt dit dans les Proverbes, comme c'eſt luy *15.*
ſeul qui les éleve ſur le trône & leur met le
ſeptre en la main & la couronne ſur la teſte,
il n'y a que luy ſeul ſans doute qui puiſſe les
dépoüiller de cette pompe Royale en les faiſant retourner en poudre, & par conſequent
à moins qu'abuſant injuſtement de leur puiſſance & de leur autorité , ils n'entrepennent
d'étendre leur empire juſques ſur les con-
ſciences & au dela des autels,ce que Dieu s'eſt *Gen.* 4I
ſagement reſervé comme Pharao autrefois *40.*
ſe reſerva le trône à l'égard de Joſeph, à moins
dis-je , que les ſouverains n'exigent de leur
ſujets des choſes directement contraires à l'o-
beïſſance & a la crainte qu'ils doivent premierement à leur grand & adorable ſouve-
rain , car en ce cas, comme vous voyez bien
que ce ſeroit deshonorer Dieu & ne le craindre pas que d'honorer & de craindre les ſupe-
rieurs, en ce cas aſſeurement il faut faire comme ces ſaintes & ſages femmes qui ayant re-

ceu ordre de Pharao de faire perir les enfans Hebreux, à mesure qu'elles aideroient à
les mettre au monde *craignirent Dieu*, comme
parle l'historien sacré *& pourtant ne firent point
ce que Pharao leur avoit commandé*; il faut faire
comme Daniel & ses compagnons, qui par la
crainte de Dieu aymerent bien mieux estre
rebelles à Nebucadnetsar que de luy obeïr
en servant religieusement ses fausses Divinitez; il faut faire enfin comme les Apostres
qui ayant receu deffences expresses de la part
de la Sinagogue d'annoncer l'Evangile
du Seigneur Jesus, leur dirent avec une
sainte hardiesse qui leur estoit inspirée par
la crainte de Dieu, jugez vous mesme, s'il
n'est pas plus juste d'obeïr à Dieu qu'aux
hommes; mais hors dis-je, cette juste exception, dont au reste il faut bien prendre garde d'abuser sous quelque pretexte que ce
puisse estre, il faut en quelque temps &
en quelque lieu que ce soit, il faut de quelque
condition & qualité qu'on puisse estre, il faut
au peril mesme des biens, de la liberté &
de la vie, il faut enfin par la crainte de Dieu
mesme, rendre aux Roys une obeïssance parfaite & une fidelité inviolable, car enfin dit
nostre Apostre, *craignez Dieu, honorez le Roy.*
Je ne finirois pas, mes Freres, si je voulois
vous dire icy tout ce qu'on peut alleguer sur
l'honneur qui est dû au Roy aussi bien que

fur la crainte qui appartient à Dieu , mais
comme nous voyons bien que nous ne pour-
rions donner plus d'étenduë à ce difcours
fans luy donner une longueur qui pourroit
eftre ennuyeufe , nous l'allons finir par deux
remarques , que ie croys importantes , l'une
pour juftifier en ce point l'innocence de nôtre
doctrine & de noftre difcipline , & l'autre fur
tout pour contribuer quelque chofe à la pureté de nos mœurs & à la fanctification de
noftre vie.   Premierement donc , mes Freres , s'il eftoit vray felon la creance de la
communion de Rome , qu'avec un Dieu que
nous devons adorer dans le Ciel & un Roy
que nous devons honorer fur la terre , il y
euft encore un Souvetain Pontife dans l'E-
glife qui euft le droit de juger tout le monde
& de n'eftre jugé de perfonne , qui accor-
daft en fa perfonne l'epée de S. Paul avec
les clefs de S. Pierre , c'eft a dire la puiffance temporelle avec la fpirituelle , qui deût
eftre confulté dans les matieres de la foy
comme un oracle infaillible du Ciel qui deût
eftre regardé dans le monde comme le chef
& l'Epoux vifible de l'Eglife univerfelle &
qui enfin plus grand & plus facré que les
Roys deuft eftre adoré comme un Dieu , car
c'eft ainfi qu'on s'en eft expliqué dans un
Concile de Latran & en plufieurs autres lieux *voyez la preface*
fi dis je , cette puiffance fouveraine devoit

eſtre reconnuë entre Dieu & le Roy dans l'E-
gliſe & dans le monde, en conſcience S. Pierre
à la charge duquel on dit qu'elle a ſuccedé
& ſur la chaire duquel on pretend qu'elle eſt
aſſiſe, ne devoit-il pas en ce lieu nous en
recommander la grandeur & la ſainteté pour
nous obliger à luy rendre les devoirs qui
luy appartiennent, & tout de meſme pour
le dire en paſſant, que lors que ie voys dans
l'Epiſtre aux Hebreux que l'Apoſtre S. Paul
nous parle expreſſement & avec étenduë de
tous les ſacrifices de l'ancienne & de le la nouvelle Alliance, ſans nous parler iamais du
ſacrifice de la Meſſe ; qu'il nous décrit avec
exactitude, tout ce qu'il y avoit d'important & de myſterieux en la perſonne & en
la charge de Melchiſedec, ſans nous dire un
ſeul mot de ſon ſacrifice pretendu de pain
& de vin, tout de meſme, dis ie, que ce ſi-
lence me donne un juſte ſujet de conclurre
que puiſque c'eſtoit icy juſtement le lieu de
nous recommander l'importance & la necef-
ſité de ce ſacrifice continuel, que les Docteurs de Rome nous repreſentent comme le
fondement & l'eſſence de la Religion Chrétienne, il faloit bien ſans doute, qu'il ne
fuſt iamais monté dans l'eſprit de ce grand
Apoſtre : lors que ie voys pareillement que
S. Pierre & les autres Apoſtres, nous décri-
vent exactement & icy & ailleurs tous les ju-

ftes devoirs que tous les Chreftiens en toutes fortes de conditions, font obligez de rendre à toutes les puiffances fuperieures & que
cependant ils ne nous recommandent autre
chofe à cet egard, que la crainte de Dieu &
l'honneur du Roy, n'eft-ce pas en verité une
confequence tout à fait raifonnable & legi-
me que donc Dieu & le Roy, font les feuls
fouverains que nous devons reconnoiftre
dans le monde, l'un pour le fpirituel & l'autre pour le temporel.

Et certainement, mes Freres, j'avance cette
maxime aprés noftre Apoftre, avec d'autant
plus de confiance que ces deux loix, *de craindre Dieu & d'honorer le Roy*, font comme deux
caracteres divins tout à fait capables ce me
femble de iuftifier l'innocence & la fainteté
de noftre profeffion & de nous attirer par
confequent l'approbation des hommes auffi
bien que l'applaudiffement des Anges, la protection de la terre auffi bien que la benediction du Ciel ; car enfin que peut-on dire
d'une Religion dont tous les preceptes, dont
toutes les maximes, dont toutes les exhortations tendent uniquement *à craindre Dieu &
à honorer le Roy* ? Il eft vray, nous ne fau-
rions nous refoudre à adreffer nos prieres &
nos vœux, ny aux faints, ny aux Anges ny
mefme à la bien heureufe Vierge, quelque
veneration que nous ayons au refte pour l'ex-

cellence de ſes vertus & pour le bon-heur de ſa condition ; mais en conſcience, le doit on trouver étrange, puiſque nous n'en uſons de la ſorte, que parceque nous *craignons Dieu*, qui eſtant infiniment jaloux de ſa gloire ne pourroit ſouffrir ſans indignation que nous rendiſſions à des creatures des hommages & des ſervices religieux qui n'appartiennent legitimemement qu'au Createur ? il eſt vray encore, nous ne ſaurions nous reſoudre à reconnoiſtre l'Empire & l'autorité de l'Eveſque de Rome, nous ne ſaurions, ie l'avoüe, nous ſoumettre à ſes loix & à ſes deciſions ; mais en conſcience, le doit-on trouver etrange, puiſque nous n'en uſons de la ſorte, que parce que nous *honorons le Roy*, parceque nous voulons luy rendre une obeïſſance parfaite, & parce enfin, que comme il ne releve que de Dieu ſeul, nous ne voulons relever que de luy ? Qu'on en die tout ce qu'on voudra, mais ce ſont là deux maximes ce me ſemble, qui bien loin de nous attirer la colere de Dieu & l'averſion du Roy doivent au contraire nous faire eſperer tout enſemble la faveur de l'un & la protection de l'autre : Et qu'on ne die point icy que nous ſommes des politiques ; qui nous accommodons au temps, que nous ſommmes meſme des hypocrites, qui preſchons autrement que nous ne croyons, tu le ſais ô

Dieu, toy qui fondes les cœurs & les reins tu fçais quelle eft en cecy, particulierement la fincerité de nos paroles & la pureté de nos intentions, tu fçais que fi nous fommes foibles & infirmes, nous fommes au moins finceres & fidelles dans la crainte & l'honneur que nous recommandons pour toy & pour ton Oint! Mais pour nous rendre s'il eft poffible approuvez de la terre, auffi bien que du Ciel, quel avantage ie vous prie & quelle utilité nous pourroit revenir de déguifer nos fentimens, & n'eft-il pas vray au contraire, que fi nous n'eftions puiffamment retenus par les motifs de la Religion & de la confcience, tous les interefts de la chair & du fang, toutes les confiderations de la terre & du monde, nous engagent au refte tres fortement à parler un mefme langage & celebrer un mefme culte avec nos concitoyens & nos compatriotes, & par confequent; n'en doutez point qui que vous puiffiez eftre, foyez en fortement perfuadez, puis qu'à l'exemple de Moyfe, *nous eftimons plus grandes richeffes, l'opprobre de Chrift que tous les trefors de la terre, puis que nous choififfons plutoft d'eftre meprifez & affligez avec le peuple de Dieu que de joüir pour un temps des avantages du fiecle & des delices du peché*, il le faut bien affeurement, *c'eft de l'abondance de nos cœurs que nos bouches parlent*, nous croyons &

quelques unes de nos predications publioit hautement que nous croyïons autrement que nous ne prêchions

Heb. 23. 26.

Matth. 12. 34.

pour cela parlons nous, comme difoit David,
nous croyons veritablement de cœur à juftice & c'eft ce qui nous oblige à faire fran-

applica- chement confeffion de bouche à falut.

tion pour Dans cette difpofition, mes Freres, il
les mœurs n'eft pas befoin ce me femble que nous in-
fiftions long-temps à vous repeter cette der-
niere partie de l'exhortation de S. Pierre *ho-*
norez le Roy; c'eft là une maxime comme vous
favez que vos peres vous ont fait fucer
avec le laict & dont vos Pafteurs vous recommandent à tous momens la pratique, &
c'eft pourquoy nous n'entreprendrons point
de vous rapporter icy tous les motifs & toutes les raifons qui nous engagent puiffamment
à honorer noftre Prince avec refpect & à le
fervir avec fidelité, car enfin, il n'appartient qu'aux Appelles de peindre les Alexandres, ie veux dire qu'il n'y a que les pinceaux
delicats & les langues difertes qui puiffent faire dignement l'éloge & le panegyrique de ce
grand Monarque; mais pour vous marquer
icy feulement ce qui nous regarde & nous
touche de plus prés, ne favez vous pas
qu'apres la grace & la benediction du Ciel c'eft
à la douceur de fon regne & à la faveur de fes
edits que nous fommes redevables de la dou-
ce liberté, dont nous joüiffons de rendre icy
publiquement à noftre Dieu nos prieres &
nos vœux, nos hommages & nos fervices &

de le servir dans nos maisons sans crainte &
sans trouble tous les jours de nostre vie?
Que tout cela donc, mes Freres, nous oblige fortement à redoubler tous les jours nos
prieres & nos vœux en public & en particulier pour la conservation de sa personne
sacrée & pour la prosperité de ses armes
triomphantes, demandons continuellement à
Dieu qu'avec le courage & la grandeur des
Alexandres & des Cesars il luy ajouste tous
les jours les conquestes de David & la gloire
de Salomon, & à cette heure particulierement que sous les enseignes & les étendars
de ce grand Josué, ses armées retournent
en campagne pour combattre les ennemis de
l'état, à cette heure qu'elles vont prodiguer
leur sang & leur vie pour la gloire de ce
grand Prince, de nostre part, Freres bien-aimez, soyons icy comme autant d'Aarons &
de Moyses, qui ayant continuellement les
mains & les yeux & les cœurs élevez vers le
Ciel puissions au moins par nos soupirs &
par nos vœux contribuer quelque chose à ses
conquestes & à ses victoires, en un mot di-
sons tous les jours à Dieu dans le langage & *Ps. 72. 1.*
la pensée du Psalmiste, *Seigneur donne tes ju-* *23.*
gements au Roy & ta Iustice au Fils du Roy
afin que gouvernant avec sagesse & avec
justice, avec douceur & avec clemence, le
peuple que tu luy as assujetty, il puisse estre

tout enfemble le Protecteur des innocens, le refuge des miferables, le foulagement des op-preffez & enfin les delices de fon peuple, le fecours de fes alliez & la terreur de fes enne-mis.

Mais apres tout, mes Freres, ne penfez pas que dans l'œuvre de noftre falut & dans la conduite de noftre vie, il fuffife *d'honorer le Roy* c'eft bien quelque chofe mais ce n'eft pas tout c'eft bien une partie de noftre devoir, mais ce n'en eft pas de mefme la plus effentielle & la plus importante, & comme d'un cofté la crainte de Dieu fans l'honneur du Roy ne peut-eftre parfaite, il eft certain de l'autre que l'honneur du Roy, fans la crainte de Dieu ne peut eftre fincere & veritable; en un mot, il ne faut ny crainte de Dieu feule-ment, ny honorer le Roy feulement, mais comme dit noftre Apoftre, il faut tout en-femble *craindre Dieu & honorer le Roy, donc ce* *que Dieu à conjoint que l'homme ne le fepare point,* Mais en mefme temps, mes Freres, pour peu que nous voulions examiner en cecy les mou-vements de nos cœurs & la conduite de nô-tre vie que nous aurons de reproches à nous faire du peu de crainte, où pour mieux dire du trop de mepris & d'irreffigion que nous faifons paroiftre tous les jours pour la divi-nité! Et s'il eftoit encore permis à l'ennemy de noftre falut de fe prefenter là haut devant

le

le trône de Dieu pour intenter accusation contre nous, comme il fist autrefois contre Job, *Iob. 1. 6.*
en conscience ne pourroit-il pas luy dire à *9. 10. 11.*
nostre confusion & sans nous calomnier, *est-ce
pour neant que ce peuple icy te craint* & t'adore ? Non sans doute, tu l'honore de ton
alliance & de ta grace, tu l'enrichis de tes
biens & de tes faveurs, tu l'environne
de ta protection & de ta sauve-garde, il fau-
droit par conséquent qu'ils fussent bien
insensez & bien miserables ¶ pour recon
noistre & se conserver tous cesbiens, ils ne
te rendoient au moins exterieurement quelque
hommages & queques services;mais *estent maintenant ta main* pour les humilier, pourroit-il
ajoûter, afflige les en leurs corps, afflige les en
leurs biens, & tu verras infailliblement que
changeans bien-tost leurs prieres & leurs
vœux en cris de murmurs & d'impatience, *ils
te blasphemeront en face*, c'est à dire qu'il mur-
mureront contre les ordres sacrez de ta sage
providence, ils regymberont fierement contre les aigüillons de ta justice, & enfin ils ne
seront pas moins impatiens & rebelles dans
l'adversité, qu'ils ont esté profanes & insolens
dans la prosperité.

Mais pour nous faire nous mesme nostre
procez à nous mesme, pour prononcer de nôtre propre bouche nostre propre condamnation, en conscience pouvez-vous dire sans

déguisement que vous craignez Dieu, vous ambitieux, vous avares, vous vindicatifs, vous voluptueux; craignez vous Dieu en un mot, vous tous pecheurs qui donnez toute vostre crainte & tout vostre amour, qui appliquez tous vos soins & tous vos travaux aux biens de la terre & aux convoitises de la chair; non sans doute, vous ne craignez point Dieu à proprement parler, puisque la crainte de Dieu, non plus que son amour, ne sauroit subsister avec l'amour du monde & le service du peché; & enfin tous ces biens trompeurs, toutes ces convoitises criminelles pour qui vous avez tant de passion & d'attachemens, ne sont-ce pas pour ainsi dire autant d'Idoles & de fausses divinitez, à qui sans crainte du Dieu vivant & vray, vous donnez aveuglement vos esprits & vos cœurs, à qui vous consacrez malheureusement tous vos hommages & tous vos services: Mais aujourd'huy au moins, Freres bien-aymez, choisissons au Ciel, & en Dieu un objet plus digne sans contredit de nos affections & de nos desirs, & si à l'advenir on nous demande aux uns ou aux autres quel est nôtre mêtier & nôtre profession, repondons sincerement comme Joseph & Jonas, *je crains Dieu qui a fait le Ciel & la terre*, ô mêtier le plus saint & le plus noble veritablement de tous les mêtiers! ô profession la plus excellente & la plus glorieu-

se sans contredir de toutes les professions!
puisque craindre Dieu & le servir, c'est re-
gner veritablement, car comme disoit David
ô que bien heureux est l'homme qui craint l'Eternel
& qui prend plaisir en ses commandemens! Oüy
mes F. n'en doutez point, comme il n'y a point
de plus sainte disposition que la crainte de
Dieu, il n'y a point aussi de plus solide bō heur,
& si une fois cette crainte divine est imprimée
bien avant dans vos cœurs, vous éprouverez
heureusement selon les promesses excellentes
que Dieu nous fait à tous moments dans sa parole, *que rien ne manque, que tout abonde au con-*
traire à celuy qui le craint, que comme *les Anges*
du Ciel se campent alentour de ceux qui craignent
Dieu, ils n'ont rien à craindre de tous les efforts de leurs ennemis, & que dans les plus rudes épreuves & les plus tristes mal'heurs, ils sōt
intrepides & inebranlables, & au lieu par consequent que vous tous prophanes & impies qui
ne craignez point Dieu, vous devez craindre
tout, vous devez estre en des frayeurs & des
alarmes continuelles, vous au contraire fidelles Chrestiens qui craignez Dieu, ne craignez
rien *quand la mortalité chemineroit en tenebres*
comme parle le Psalmiste, *& que la destruction*
dégasteroit en plein midy, quand vous en verriez
tomber mille à droite & mille à gauche, ne craignez
point ceux qui ne peuvent vous oster que la vie du
corps, craignez Dieu seulement qui peut tuer l'ame

D ij

& le corps tout enfemble, *&* les precipiter tout d'un coup dans le feu eternel ; quand mefme vous chemineriez par la vallée d'ombre de mort comme difoit David, *ne craignez point*, puifque Dieu eft un Soleil lumineux & un Bouclier impenetrable à tous ceux qui le craignent, en un mot la crainte de Dieu toute feule vous fera trouver heureufement l'abondance dans la difette, la joye dans l'affliction, la confolation dans la fouffrance, la richeffe dans la pauvreté, la gloire dans l'opprobre & la vie mefme dans la mort & comme enfin *Dieu eft le fidelle remunerateur de ceux qui le craignent*, aprés que vous l'aurez craint, que vous l'aurez fervi & glorifié icy bas fur la terre, il vous fauvera n'en doutez point, & vous glorifira eternellemeut en fon Royaume celefte. Prions le qu'il nous en face lagrace & à luy comme au Pere & au fils & au S. Efprit un feul Dieu benit eternellement, foit honneur & gloire, & empire & magnificence aux fiecles des fiecles, Amen.

A la fin du Manufcrit qu'on a fuiuy exactement dans cette impreffion, on a trouué une declaration qui paroift écrite & fignée de la main de l'auteur, par laquelle il protefte en confcience que ce font icy les mefmes paroles, pour ne pas dire les mefmes fyllabes, dans lefquelles il a prononcé ce Sermon deuant fon troupeau.

FIN.

PREFACE

LE Sermon qui voit presentement le jour, à
fait assez de bruit dans le monde pour estre venu iusques icy; comme on sait qu'il a donné lieu malheureusement & à des informations devant les juges des lieux & enfin à un arrest du conseil d'état
qui à condamné l'Auteur à reconnoistre premierement des propositions, comme trop legerement
avancées & à souffrir en suite un exil de six mois,
en la ville de Nantes, on a souhaité assez naturellement de voir cet ouvrage, afin de l'examiner chaqu'un selon sa portée, & d'en iuger avec la liberté
qu'on se donne dans le monde, de prononcer sur
ces sortes de differents. C'est pourquoy ce Sermon
Manuscrit que des personnes considerables & dignes de foy, nous asseurent estre une fidelle copie
de l'original, nous estant tombé, quoy qu'un peu
tard entre les mains, nous avons pris soin de le
rendre public, sans avoir autre chose en veuë que
de satisfaire la curiosité de plusieurs personnes qui
n'estant informées de cette affaire, que par le recit
de la Gazette qui n'en a dit qu'un mot, en general il y a déja quelque temps, où par le bruit
commun qui change tousiours le veritable état des
choses, n'en peuvent avoir qu'une connoissance
fort imparfaite.

Ce n'est pas toutesfois qu'on veüille rapporter icy
toutes les circonstances de cette affaire, dont on a
eu icy quelque connoissance, par la copie d'une
requeste presentée à sa Majesté tres-Chrestienne pour
la deffense & la justification de la personne accu-
sée; On s'y plaint véritablement que dans les pro-
cedures qui ont esté faites sur les lieux, on n'a pas

PREFACE

gardé toutes les formes Juridiques & ordinaires en
de pareilles rencontres ; on y pretend qui plus est
que l'arrest du conseil ayant condamnè l'auteur
comme coupable d'avoir *avancé legerement des propositions concernant le Pape & sa Maiesté*, il faut
necessairement que des deux informations qu'on
a faites de ce procés devant les Juges des lieux la
seconde ait esté bien differente de la premiere puis
qu'on pose pour constant que dans celle-cy on ne
faisoit parler l'Auteur que sur le sujet du Pape ;
tout le monde au reste de l'une & de l'autre communion ayant paru si content & si edifié de la maniere, dont il s'estoit exprimé sur le sujet de sa Majesté
en presence de ses principaux Officiers, qu'apres l'a-
voir laissé plus de trois mois en repos pour ce qui
regarde ce dernier article, il semble qu'on ne s'est
enfin avisé de lui en faire de la peine, que parce que la
premiere accusation ne sembloit pas suffisante pour le
rendre criminel & malheureux, on pose encore en
fait dans cette mesme requeste & que la personne ac-
cusée n'a iamais presté son interrogation sur les
articles de l'accusation & que iamais les témoins
ne luy ont esté confrontez pour le convaincre, &
qu enfin plusieurs personnes de l'une & de l'autre
communion ayant esté assignées à la requeste du Pro-
cureur du Roy pour déposer de la verité du fait
en question, on a rejetté sans sujet & sans repro
che le témoignage de tous les Protestans, on dit
mesme de quelques Catholiques, pour ne recevoir
que la deposition de ceux là seulement qu'on sa-
voit bien devoir estre contraires à la personne ac-
cusée : mais laissant à juger de la justice de ces pre-
tentions & de ces plaintes à ceux qui sont plus particulierement informés de l'état des choses, on n'a point
icy d'autre dessein que de joindre au Sermon par
forme de preface, un Manuscrit qui l'accompagne

PREFACE.

& dans lequel l'Auteur ou quelque autre pour luy décrivant quelques passages d'un Concile & de quelques Docteurs pretendoit faire voir que dans les choses mesmes dont on luy a fait un crime, il n'a rien dit absolument qui ne soit fondé sur des autoritez expresses, aussi bien que sur des raisons convaincantes.

Comme donc il paroist par l'arrest du conseil, que l'auteur à esté premierement accusé d'avoir avancé legerement quelque proposition *concernant le Pape* il faut asseurement que le principe & le pretexte de cette accusation, se trouve dans le raisonnement & la supposition qu'il fait sur la fin de son Sermon, en disant que *s'il estoit vray selon la creance de la communion de Rome qu'il y eust un souverain Pontife dans l'Eglise, qui plus grand & plus sacré que tous les Rois deust estre adoré comme un Dieu, car c'est ainsi* ajoute t-il, *qu'on s en est expliqué dans un Concile de Latran & en d'autres lieux* &c. page 41. sur la fin Et c'est pour justifier ce premier article, que dans ce second Manuscrit - dont nous parlons, il rapporte fidellement quelques passages de ce Concile & des plus celebres Docteurs de cette communion, par lesquels il pretend faire voir assez clairement qu'ils se sont expliquez encore plus fortement que luy sur le mesme sujet.

Il dit donc 1°. que dans la session 2. du 5. Concile de Latran, il y a un Sermon du R. Pere Thomas de Vio Cajetan, Professeur en Theologie, sur la fin duquel il applique 1°. au Pape Jules 2. ces paroles divines du Pseaume 45. selon les Hebreux & 44. selon les Latins, lesquelles cependant ne conviennent veritablement qu'au Fils de Dieu, *accingere Pater sancte gladio tuo, tuo inquam accingere, binos enim habes unum tibi reliquisque mundi principibus communem, alterum tibi proprium atque ita unum ut illum alius nemo nisi a te habere possit, hoc itaque gladio tuo accingere*

ā iij

PREFACE.

potentissime, & accingere super femur tuum, id est super
universas generis humani potestates ; c'est à dire, *Pere*
Saint, ceins ton glaive, ie dis le tien, car tu en as deux
l'un qui t'est commun avec tous les autres Princes du
monde, & l'autre qui t'est si propre & si particulier qu'au-
cun autre ne le peut recevoir que de ta main ; ceins donc
ce glaive ô le tres-puissant & le mets sur ta cuisse c'est
à dire sur toutes les puissances du genre humain & en
suite un peu plus bas, le mesme Docteur parle en
ces termes au mesme Pape, *hac te præ regibus terra*
excellentissimum, hac te universis populis adorandum Deo-
que simillimum reddet, c'est à dire, cela t'élevera par
dessus tous les Rois de la terre, cela te rendra adorable
de tous les peuples & tres semblable à Dieu.

Dans la session 4. du mesme Concile, il y a un
Sermon de Christophorus Marcellus qui faisant parler l'Eglise au Pape, comme à son Epoux & comme
à son Dieu, l'a fait exprimer en ces termes, *cura*
denique ut salutem quam dedisti nobis & vitam & spi-
ritum non amittamus, tu enim pastor, tu medicus, tu
gubernator, tu cultor, tu denique alter Deus in terris,
c'est à dire prens soin & fais en sorte que nous ne perdions
iamais l'esprit & la vie & le salut que tu nous as donnez, car tu es le Pasteur, tu es le Medecin, tu es le
Pilote, tu es le Patron, tu es enfin un Dieu en terre.

Dans la session 6. il y a pareillement un Sermon
Synodal de Simon Bengnius Euesque, qui sur la
fin parle en ces termes à Leon 10. comme à une
divinité adorable, *sed ne fleveris filia Sion, quia ecce*
venit Leo de tribu Iuda, radix David, ecce suscitavit ti-
bi Deus saluatorem qui te saluabit de manibus vastantium
Te Leo beatissime, saluatorem venturum speravimus, ad
te pro acceptis cladibus, pro perperam gestis gementes, pro
malorum sine spe victoriæ lati & hilares clamamus, impugna
impugnantes nos, apprehende scutum & gladium & exurge
adiutorium nostrum, c'est à dire, ne pleurez point fille

PREFACE

de Sion, car voicy le Lion de la tribu de Iuda est venu,
voicy la racine de David, voicy un Sauveur que Dieu
vous a suscité & qui vous sauvera de la main de tous
ceux qui vous affligent; nous t'avons attendu ô tres-heu-
reux Leon comme le Sauveur qui devoit venir; c'est à toy
que dans l'affliction où nous sommes pour les maux que
nous avons soufferts & pour ceux que nous avons commis
c'est à toy que nous crions, ayans au reste de la ioye dans
l'esperance que tu nous feras voir la fin de tous nos maux
& la victoire de tous nos ennemis; comba donc ceux qui
nous combattent, empoigne le bouclier & l'épée & te le-
ve promptement à nostre secours; & dans tout ce difcours il n'est pas difficile de remarquer qu'on donne
au Pape les titres divins, que les auteurs sacrez ne
donnent qu'à Jesus Christ & qu'on luy adresse les
supplications religieuses, que ces mesmes Auteurs n'a-
dressent qu'à Dieu seul.

Dans la session 7. il y a un autre Sermon de Bal-
tassar del Rio premier Secretaire du saint Siege, à
la fin duquel il applique expressement au Pape, cet
oracle divin du Pf. 72. qui ne peut absolument
convenir qu'au Fils de Dieu, *Coram illo procidens*
æthiopes & inimici eius terram lingent, & adorabunt eum
omnes reges terræ & omnes gentes servient illi, c'est à dire,
les Ethiopiens se viendront prosterner devant luy & ses
ennemis lecheront la terre, & tous les Roys de la terre
l'adoreront & toutes les nations du monde luy serviront,
& d'autres passages de cette nature qu'il seroit trop
long de rapporter.

Dans la session 9. du mesme Concile, il y a encore
un Sermon Synodal du R. Pere Antonius Puccius,
dans lequel apres avoir d'abord donné au Pape le titre
glorieux & adorable de *divina Maiestas, divine Maiesté*
il dit vers le milieu qu'en la personne du Pape on
voit derechef l'acomplissement de cet oracle sacré
par lequel le Prophete David décrivoit si magnifi.

ã iiij

PREFACE

quement la gloire du Fils de Dieu, *adorabunt eum omnes reges terræ, omnes gentes servient ei*, c'est à dire tous les Roys de la terre l'adoreront & toutes les nations luy serviront.

Enfin dans la session 10. il y a un Sermon du R. Pere Estienne Archevesque, vers le milieu duquel il dit en propres termes, à la loüange du Pape, que *Constantinus Imperator à diviná gratiâ afflatus desuper sceptrum imperij orbis & vrbis, vero & proprio Domino & omnium Creatori victori Deo, & homini in sede sua Romanâ Silvestro Pontifici maximo, in iure primævo, & naturali Christi æterni Sacerdotis secundum ordinem benedicti Patris plenè cessit & Christum regem magnum in suo vicario per obedientiam adoravit*, c'est à dire autant qu'il est possible de decouvrir le sens de ces paroles obscures, l'Empereur Constantin estant inspiré d'enhaut par la grace de Dieu, ceda entierement l'Empire du monde & de la ville, à Dieu souverain Maistre & createur de toutes choses & en mesme temps à Silvestre Souverain Pontife, en son siege de Rome, par le droit ancien & naturel de Iesus Christ Sacrificateur, eternel, selon l'ordre de son Pere & pour marque de son obeïssance, il adora Iesus Christ en la personne de son Vicaire, & dans la colomne suivante, il dit encore plus expressement que *Bernardus ad Eugenium Papam tanquam ad summum hierarcham in cœlo Ecclesiæ virum in quo erat omnis potestas supra omnes potestates tam cœli quam terræ rectè scripserat, tibi data est omnis potestas*; c'est à dire que Bernard écrivant au Pape Eugene comme au Souverain Pontife & époux de l'Eglise, qui est dans le Ciel, lequel avoit puissance sur toutes les puissances du Ciel & de la terre luy avoit dit fort à propos, toute puissance t'a esté donnée, ce qui est dit du Fils de Dieu dans l'Evangile comme un privilege adorable & divin qui n'appartient legitimement qu'à luy seul.

Et on ne peut pas affoiblir la force de ces passages fidellement extraits de l'original , en difant que ce ne font pas des Canons & des decrets du Concile , dont il eft queftion , mais les loüanges exceffives de quelques particuliers , qu'on ne doit pas tirer à confequence ; car il faut remarquer au contraire que ces difcours , dont ces paffages font partie , font des Sermons Synodaux , qui n'ont efté prononcez dans le Concile , qu'apres avoir efté premierement examinez par le Maiftre du facré Palais étably pour ce fujet , & qu'enfin ayant efté redigez dans le corps du Concile avec l'approbation du Pape & de tous les Prelats , apres avoir efté prononcez folemnellement en leur prefence , ils doivent fans doute eftre regardez comme des pieces authentiques , qui contiennent l'efprit du Concile & la doctrine de l'Eglife.

On fait encore mention dans ce Manufcrit d'une lettre qu'on a confervée à la fin de ce mefme Concile & qui eft du Patriarche des Maronites adreffée au Pape Leon dixiéme , pendant la tenuë du Concile , fur le dos de laquelle premierement , il y a ces paroles toutes pleines de titres adorables & divins , *fœlici, verè virgini, Domino dominantium, prudēti ßimo ac fapientißimo quem totus adorat orbis, cuius tronum fervet Deus in longa tempora in magnâ proteftate, Amen, Leoni P. P. Romano Deo gratias in æternum,* c'eft à dire , *à celuy qui eft heureux , qui eft veritablement Vierge , qui eft le Seigneur des Seigneurs tres prudent & tres fage , lequel tout le monde adore & duquel Dieu veüille conferver long temps le trône en grande puiffance , ainfi foit-il , c'eft à favoir à Leon Pontife Romain , graces foient renduë à Dieu eternellement.* Et à la tefte de cette mefme lettre , il y a ces paroles du mefme ftile , *præfentem falutationem Dei effe ac pio Leoni P. P. Chriftianorum Deo dilectißimo, excelfo, catholico, pio pleno mifericordia, vicario Dei, regi regum,* ce qu'on ne fauroit interpreter plus favo-

PREFACE

rablement qu'en ces termes, *ie souhaite que la presente
salutation de Dieu soit adressée à Leon Souverain Pontife
des Chrestiens, tres cheri de Dieu, tres haut, catholique
pieux, plein de misericerde, Vicaire de Dieu, le Roy des
Roys.* On rapporte apres cela quelques passages des
plus celebres Docteurs de la Communion Romaine
qui ont parlé des honneurs qui doivent estre ren-
dus au Pape ; & 10. on fait consideration des decretales & des Canons des Pontifes dans l'un desquels
entr'autres, appellé le Canon *satis* en la distinction
96. le Pape Nicolas parle en ces termes *satis eviden-
ter ostenditur à seculari potestate nec solui prorsus nec li-
gari posse Pontificem quem constat à pia principe Constan-
tino Deum appellatum, cum nec posse Deum ab homini-
bus Iudicari manifestum sit*, c'est à dire que *il est montré
assez clairement que le Pape qu'on tient pour certain avoir
esté appellé Dieu, par le pieux Prince Constantin ne peut absolument être lié ny delié par la puissance seculiere, parce qu'il
est manifeste que Dieu ne peut-estre iugé par les hommes,* &
c'est de ce celebre Canon que Augustinus Steuchus
Evesque d'Agabio, donne l'explication & le commentaire, lorsque dans un traité qu'il a fait *de la
donnation de Constantin,* il dit encore plus fortement de
cet Empereur Chrestien *qu'il a appellé le Pape Dieu, qu'il
l'a tenu pour Dieu, qu'il l'a adoré comme Dieu & qu'il luy
a conferé autant qu'il a pû les honneurs divins.*

*de Dona-
tione
Constan-
tini.*

On voit tout de mesme dans le Cardinal Baronius
le plus celebre Annaliste de l'Eglise que racontant
en l'an 1162. la conversion d'un Prince Sarrasin
en la ville de Montpellier, il ne fait point difficulté
de dire qu'il adora le Pape Alexandre troisiéme *comme le Dieu des Chrestiens,* ce qui estant admiré de tous
les assistans à la gloire du Pontife, il leur fait repeter à cette occasion cet oracle de David, dont il a
déja esté parlé dans le Concile de Latran, *tous les Rois
de la terre l'adoreront & toutes les nations luy serviront.*

PREFACE.

On trouve encore dans Paul Emile de Verone ce- *in Philip.*
lebre historien de France, qu'apres le massacre des *D. Iud. F.*
François, arrivé aux vespres Siciliennes, les habi- *lib. 7.*
tans de Palerme envoyerent au Pape Martin quatriéme de saints personnages pour Ambassadeurs,
qui s'estans iettez aux pieds du Pontife pour luy
demander le pardon de ce crime, luy dirent par *qui tollis*
trois fois *ô vous qui ostez les pechez du monde, ayez pitié* *peccata*
de nous, donnez-nous la paix, sans que le Pape trou- *mundi*
vast à redire à cette adoration religieuse qui est *miserere*
justement celle que S. Jean Baptiste adresse au Fils *nostri, da*
de Dieu dans l'Evangile. On pourroit ajoûter à *nobis pa-*
tout cela ces maximes si étranges, des Canons & *cem.*
des decretales fondées sur l'experience que le Pape
peut dispenser contre le droit divin, contre la loy & contre
l'Evangile, glosse in decretal. lib. 1. tit. 7. c. quanto
& lib. 3. tit 8. c. 4. avec celle du Cardinal Bellarmin
de Romano Pontifice cap. 5°. paragr, ultimo, que
si le Pape commandoit les vices & deffendoit les vertus,
l'Eglise seroit obligée en conscience de croire que les vices
sont bons & les vertus mauvaises, & celles enfin du Cardinal Palavicin, lib. 8. c. 17. & lib. 21. c. 6. que
l'autorité du Pape est si *illimitée & si independante de*
toute creature, qu'on est obligé de luy obeïr, lors mesme que
ses iugemens sont déraisonnables, ce qui est en quelque
façon élever le Pape par dessus Dieu.

Mais pour confirmer encore plus fortement cette *voyez l'hi-*
creance, par la pratique de la communion Romaine *stoire des*
on allegue les histoires des Conclaves & les relations *Conclaves*
de Rome, qui nous racontent ordinairement l'Ele- *en Italien*
ction des Papes en nous disant qu'aussi-tost, apres la *& les*
promotion du nouveau Pontife, on le fait asseoir *Ambassa-*
sur le grand Autel de l'Eglise S. Pierre en la place la plus *des du*
auguste qu'on donne au sacrement de l'Autel & que *Cardinal*
là les Cardinaux, les Ambassadeurs & toutes les per- *du Perron*
sonnes les plus illustres *vont à l'adoration*, en presence *lib. 5. p.*
133. de la
troisiéme
edition.

de tout le peuple. C'eſt ainſi que le Cardinal de Joyeuſe dans les Ambaſſades du Cardinal du Perron, faiſant le recit au Roy Henry le grand de ce fameux Conclave où Leon XI. fut élevé au Pontificat, il finit ſa relation en ces termes, *le ſamedy au matin on le porta dans S. Pierre où l'on le mit ſur l'Autel pour l'introniſer comme on dit, nous l'adoraſines, puis le conduiſimes en ſa chambre,* & ſi ſur ce ſujet un Docteur de Rome de la province de Saintonge refutant le ſermon d'un Miniſtre de la meſme province à publié depuis peu dans un livre approuvé, & qui porte pour titre, *éclairciſſement* de la doctrine de l'Egliſe, touchant le culte des Saints &c. pag. 15. & 28. *que les termes d'adorare en latin & d'adorer en françois, ne ſignifient que le culte Souverain qu'on rend à Dieu:* ne peut-on pas ſur ce principe reprocher aſſez iuſtement à ceux de ſa communion, que puiſqu'ils employent ſi ſouvent ſur le ſujet du Pape le terme d'adorer en latin & ſi on voit meſme dans un écrit intitulé *la nouvelle hereſie ſoutenuë au College de Clermont,* que les Janſeniſtes ont reproché publiquement au Jeſuiſtes, dont les maximes ſont plus ordinairement receuës & pratiquées parmy le peuple, *qu'en donnant au Pape le nom de Dieu avec les titres & les honneurs qui ne ſont dûs qu'à luy ſeul, ils mettent l'homme en la place de Dieu, ils rendent à la creature ce qui n'eſt dû qu'au createur & qu'enfin ils ſont par ce moyen un eſpece d'idole du Vicaire de Ieſus Chriſt,* il ſemble qu'apres tous ces exemples anciens & modernes, on ne devoit pas trouver étrange que l'Auteur euſt repreſenté en un mot, comme une maxime de Rome & comme le langage de ſes plus celebres Docteurs que le *Pape doit eſtre adoré comme un Dieu,* & ſi enfin on ſe trouvoit offenſé de ce reproche, qui eſt ordinaire cependant dans les livres des Proteſtans, bien des gens ont creu qu'il euſt eſté plus honneſte & meſme plus avantageux

de le repouſſer par les voyes uſitées en ces ſortes de
differents, que d'employer pour cela les voyes extra-
ordinaires de la iuſtice & de l'autorité, par leſquelles
veritablement Dieu peut permettre quelquesfois que
les plus forts triomphent des plus foibles, mais en
ſorte pourtant que la verité plus forte que toutes les
choſes du monde, demeurera touſiours victorieuſe
& triomphante.

Mais on s'eſtonne ſur tout & on a meſme de la peine à comprendre par quel pretexte & de quelle maniere on a pû intenter la moindre accuſation contre
l'auteur ſur le ſuiet de ſa Majeſté & il faut aſſeurement où qu'on ait pris le contrepié de ce qu'il a dit,
ouqu'avec de mauvaiſes interpretations on ait donné
de mauvaiſes conſequences à ſes paroles & à ſes maximes les plus innocentes ; car lors que dans la deuxiéme partie de ſon diſcours, il explique l'honneur qui
eſt dû aux ſouverains, (& ceux qui l'ont entendu
peuvent encore s'en ſouvenir) il montre que la
Royauté à touſiours eſté eſtimée pour le plus excellent & le plus noble de tous les gouvernements, il
prouve par des exemples & des autoritez de l'Ecriture ſainte, que les Roys ſont d'inſtitution divine,
que leur caractere eſt ſacré & inviolable, que leur
empire eſt independant & ne releve que de Dieu &
qu'enfin il n'y a perſonne ſans exception, qui par
le devoir meſme de la conſcience ne ſoit dans l'o-
bligation de ſe ſoûmettre à leur autorité ; mais lors *page 46.*
ſur tout que dans l'application de ce meſme diſcours
il parle en particulier de ſa Maieſté tres Chreſtienné,
il exhorte fortement ſon troupeau à faire continuellement des vœux pour la conſervation de ſa perſonne ſacrée & pour la proſperité de ſes armes.

Il eſt vray que ſur la fin de la tractation, apres avoir
donné toute l'éténdüe poſſible à l'autorité des ſouve- *page 39.*
rains, il reſſerre tant ſoit peu ces bornes en diſant *ſur la fin.*

PREFACE.

par une efpece de parenthefe, que s'il arrivoit qu'ils
entrepriffent d'étendre leur Empire fur les confciences & au dela des Autels en exigeant de leurs fu'jets
des chofes directement contraires au fervice de Dieu,
ce feroit abufer du pouvoir & de l'autorité que Dieu
leur a mife entre les mains, & il faut felon toutes les
apparences que ce foit icy le fondement, où pour
mieux dire le pretexte de l'accufation, qui a donné
lieu de le condamner; mais outre qu'il n'y a point
de regle fi generale, comme on dit ordinairement
qui ne fouffre quelque exception & que mefme une
feule exception, bien loin d'affoiblir & de detruire
ne fait au contraire que confirmer la regle, il paroift
clairement qu'en cela il parle de tous les fuperieurs en
general, on voit mefme qu'en cela il fe fert des exemples & des termes expres de l'Ecriture fainte, & enfin
il feroit injufte & déraifonnable de tirer de ce principe de mauvaifes confequences, puifque l'auteur ajoute auffi-toft que *hors cette feule exception dont cependant
dit-il, il faut bien prendre garde d'abufer fous quelque pretexte que ce foit*, on doit tout faire & mefme tout
fouffrir pluftoft que de violer l'obeïffance & la fidelité que les fuiets doivent à leurs fouverains.

On dira peût-eftre que dans cette exception qui
borne tant foit peu la puiffance & l'autorité des fouverains, il y a quelque chofe d'imprudent & par confequent de *legerement avancé*; mais d'ailleurs comme
les Edits de fa Majefté tres Chreftienne, permettent
aux Miniftres de France de prefcher la doctrine con-
tenuë dans leur confeffion de foy, l'auteur n'at-il pas
pû faire cette iufte exception, fans offenfer perfonne
puifque dans le dernier article de cette confeffion, il
eft porté expreffement qu'il faut obeïr aux loix des
Princes, leur payer tributs, impots & autres devoirs
& porter le joug de fuiettion d'une bonne & franche
volonté encore qu'ils fuffent infidelles : mais *moyen-*

ls
n-
ts
eu,
eu
es
ar
ie
t
nt
ie
re
ft
n
i-
n
i-
l-
n
i-
l-
it
it
i-
ii
i-
l-
e
t
l-
s
e
il
s

www.ingramcontent.com/pod-product-compliance
Ingram Content Group UK Ltd.
Pitfield, Milton Keynes, MK11 3LW, UK
UKHW021153220726
13924UKWH00003B/1131